Vitalis Innere Führung!
Zum Status Quo der Führungskultur in den deutschen Streitkräften

Christian Bauer

Marcel Bohnert

Jan Pahl

Standpunkte und Orientierungen: Band 12
Herausgegeben von Uwe Hartmann

Vitalis Innere Führung!
Zum Status Quo der Führungskultur in den deutschen Streitkräften

Christian Bauer

Marcel Bohnert

Jan Pahl

2018

Carola Hartmann Miles-Verlag

Bibliografische Information der Deutschen Nationalbibliothek
Die Deutsche Nationalbibliothek verzeichnet diese Publikation in der Deutschen Nationalbibliografie; detaillierte bibliografische Daten sind im Internet über www.dnb.de abrufbar.

© 2018 Carola Hartmann Miles-Verlag
www.miles-verlag.jimdo.com
email: miles-verlag@t-online.de

Herstellung: Books on Demand, Norderstedt

Printed in Germany

ISBN 978-3-945861-79-0

Inhaltsverzeichnis

Vorwort

Im November 2017 verfasste der Vorsitzende des Verbandes der Beamten der Bundeswehr einen offenen Brief an die Bundesministerin der Verteidigung, Ursula von der Leyen. Das dreiseitige Schreiben war ein Plädoyer dafür, zivile Angehörige der Bundeswehr aus dem Wirkungsradius der Inneren Führung auszuschließen. Der Verfasser betonte, dass die Führungskonzeption nie für zivile Mitarbeiter der Bundeswehr bestimmt gewesen sei.

Dass die aktuelle Vorschrift für Innere Führung (A 2600/1) explizit darauf hinweist, dass die Regelungen sinngemäß auch auf die zivilen Angehörigen der Streitkräfte auszudehnen ist, war ihm offensichtlich nicht bekannt.

Die mit dem Schreiben angestrebte Etablierung eines eigenen zivilen Führungsverständnisses mag für die Identifikation mit den Verwaltungsaufgaben zielführend sein. Sie darf allerdings nicht zum Selbstzweck werden. Und es erscheint zumindest fraglich, ob und wie sich ein ziviles Selbstverständnis in Streitkräften losgelöst von der militärischen Führungskultur bewähren würde.

Insgesamt erscheint diese Tendenz zur Loslösung etwas merkwürdig, insbesondere, weil man die Innere Führung ja kritisieren mag wie man will – aber augenscheinlich ist es doch gerade sie, die den respektvollen Umgang von militärischen und zivilen Angehörigen der Bundeswehr fördert und damit eine Brückenfunktion in einem recht komplizierten Tätigkeitsfeld einnimmt. Im Brief des Verbandes wird eher der Eindruck erweckt, dass die Hintergründe und die Aufgaben der Inneren Führung nicht in Gänze bekannt sind oder verstanden werden. Umso wichtiger ist es, dass ihre Inhalte jedem Angehörigen der Bundeswehr immer wieder vergegenwärtigt und diskutiert werden.

Im Rahmen von Abschlussarbeiten im postgraduierten Masterstudiengang »Militärische Führung und Internationale Sicherheit« an der Helmut-Schmidt-Universität/Universität der Bundeswehr Hamburg sowie der Führungsakademie der Bundeswehr haben wir Autoren uns in den letzten Monaten intensiv mit der Führungskultur der deutschen Streitkräfte auseinandergesetzt.

Wir sind Offiziere, die aus den drei großen Teilstreitkräften der Bundeswehr stammen – Major i.G. Christian Bauer ist Angehöriger der Luftwaffe, Major i.G. Marcel Bohnert dient im Heer und Fregattenkapitän Jan Pahl ist Marineoffizier. Damit begründen sich möglicherweise einige der Unterschiede in unseren Sichtweisen. Ein Vorteil an dieser seltenen Autorenkonstellation ist, dass wir mit diesem Buch zeigen können, dass ein Austausch zur Führungskultur auch über die Grenzen von Truppengattungen und Organisationsbereichen der Bundeswehr funktionieren kann und gewinnbringend für alle Beteiligten ist. Zumindest konnten wir viel voneinander lernen.

In diesem Buch stellt Jan Pahl die Frage, ob es sich bei der Inneren Führung um eine Führungskultur oder Führungskonzeption handelt. Er kommt dabei zu dem Ergebnis, dass die Innere Führung aufgrund mangelnder Übereinstimmung individueller Gebrauchstheorien von Führung und organisationaler Führungsgrundannahmen nicht als Führungskultur bezeichnet werden kann. Im weiteren Verlauf beschreibt er, welche Auswirkungen dieser Zustand auf die Attraktivität und Berufszufriedenheit aktiver Soldaten hat und macht Vorschläge, wie die Diskrepanz zwischen Konzeption und Kultur verringert werden kann.

Christian Bauer untersucht in seinem Essay das Meinungsbild der christlichen Kirchen zur Sicherheitspolitik und Bundeswehr und kommt dabei zu dem Ergebnis, dass beide Kirchen sowohl der Bundeswehr als Institution wie auch dem einzelnen Soldaten äußerst wohlwollend gegenüberstehen. Kritik wird seiner Analyse nach lediglich an der Sicherheitspolitik geübt.

Marcel Bohnert nähert sich aus der Praxis an die Innere Führung an und stellt die Frage, in welchen Bereichen sich die Führungsphilosophie der Bundeswehr im Afghanistan-Einsatz bewähren konnte und wo sie offenkundig gescheitert ist. Daran anschließend zeigt er Lösungswege für eine Verbesserung der Integration unserer Streitkräfte in die deutsche Gesellschaft auf.

Auch wenn wir unsere Gedanken theoretisch entwickelt haben, sind sie maßgeblich durch unsere Erfahrungen aus der Truppenpraxis beeinflusst. Um die Innere Führung weiter mit Leben zu füllen, ist es unserer Ansicht nach erstrebenswert, dass Uniformträger und zivile Angehörige der Streitkräfte noch viel öfter zu Feder und Papier greifen und ihre Einsichten in die Öffentlichkeit tragen. Die Innere Führung lebt auch von unterschiedlichen Meinungen und davon, dass sich über sie ausgetauscht wird. Die in Teilen hoch akademisierte Debatte kann dadurch mit wertvollen Erfahrungen und Erkenntnissen angereichert werden und helfen, der Krise um die militärische Führungskultur auch nachhaltig Herr zu werden.

Unser gemeinsamer Aufruf – auch im Gegensatz zur einleitend beschriebenen Forderung des Verbandes der Beamten der Bundeswehr – lautet deshalb: Stärkt die Führungsphilosophie der deutschen Streitkräfte – Vitalis Innere Führung!

Jan Pahl

Führungskultur in der Bundeswehr. Die Wirkung der Inneren Führung auf Attraktivität und Berufszufriedenheit

1 Einleitung

Im Bericht des Wehrbeauftragten des deutschen Bundestages findet sich jedes Jahr diese Art von Zitat, die die deutsche Gesellschaft dort im Kapitel zu Führung und Soldatenalltag unter „Führungsverhalten" nachlesen kann. Es geht häufig um verbale Entgleisungen, teilweise um zu harte Dienstbedingungen und gelegentlich sogar um Misshandlungen. Gleichzeitig gibt es seit Beginn der Bundeswehr Kritik an einer Verweichlichung des Führungsverhaltens und dessen Unangepasstheit an die militärische Realität von Kriegen und bewaffneten Auseinandersetzungen, zum Beispiel durch die Hauptleute von Unna[2] oder zuletzt durch eine Gruppe junger Studenten (»Leutnante 2014«) an der Universität der Bundeswehr in Hamburg.[3]

Zudem hat die Bundeswehr in den letzten zwei Jahrzehnten eine Vielzahl von Veränderungen durchlaufen, die sie zu einer Armee im Einsatz haben werden lassen, sie in eine Freiwilligenarmee transformiert haben, die im Rahmen einer Neuausrichtung die zuvor strikte Trennung zwischen den Aufgabenbereichen des Zivilpersonals und der Militärs aufgeweicht haben oder soziale und gesellschaftliche Veränderungen hat aufnehmen lassen. All diese Faktoren können direkt oder indirekt Auswirkungen auf das Führungsverhalten in der Bundeswehr gehabt haben.

---

[1] Wehrbeauftragter des Deutschen Bundestages, 2015, S.34.

[2] Vgl. Fröhling, Stand 20.06.2016, S.48f.

[3] Vgl. Bohnert/Reitstetter, 2014, S. 33; s.a. Aufsatz von Marcel Bohnert in diesem Buch.

Doch woraus entsteht Führungsverhalten und warum ist es für ein Unternehmen so interessant? Neben zahlreichen individuellen Faktoren die das Führungsverhalten bestimmen, wird sowohl in zivilen Großunternehmen als auch in der Bundeswehr immer wieder der Begriff der *Führungskultur* verwendet, die einen Einfluss auf das Verhalten von Vorgesetzten haben soll. Und eben diese Führungskultur wird immer wieder als wesentlicher Aspekt von Attraktivität und Berufszufriedenheit aufgeführt und im Rahmen verschiedener Untersuchungen betrachtet. Unter der Agenda „Bundeswehr in Führung – Aktiv. Attraktiv. Anders." versuchen auch die Streitkräfte seit 2014 mit verschiedenen Motivatoren neue Bewerber zu gewinnen und die bereits dienenden Soldaten längerfristiger an die Bundeswehr zu binden.[4] Ein Aspekt der Agenda ist die Überprüfung und Weiterentwicklung des Führungsverhaltens.

Wird der Begriff des Führungsverhaltens in direktem Bezug auf die Bundeswehr betrachtet, so fällt der Fokus nach kurzer Recherche unmittelbar auf die *Innere Führung*, nachfolgend IF abgekürzt. Im ersten Abschnitt des vorliegenden Buchbeitrages soll eine Antwort darauf gefunden werden, was Kennzeichen einer Führungskultur sind und inwieweit die IF eine solche Führungskultur darstellt. Im darauffolgenden Abschnitt wird geprüft, welchen Beitrag die IF als potentielle Führungskultur zur Berufszufriedenheit und Attraktivität für derzeitige Mitarbeiter der Bundeswehr leistet bzw. leisten kann. In einem letzten Schritt werden dann Handlungsempfehlungen ausgesprochen, um im Rahmen dieser Arbeit erarbeitetes Potential zur Weiterentwicklung der IF bzw. zur Verbesserung des Führungsverhaltens aufzuzeigen.

---

[4] Vgl. BMVg Presse und Informationsstab, Stand 02.05.2016.

2 Begriffsdefinitionen

Einige Begriffe dieses Beitrages werden so diversifiziert verwendet, dass es einer Definition bedarf, um Missverständnisse bei der Interpretation der Ergebnisse dieser Arbeit zu vermeiden.

Im Verlauf der Abhandlung wird der Begriff »Führung« maßgeblich auf den Aspekt der Menschenführung reduziert, wobei einige kleinere Aspekte auch den Bereich der Organisationsführung aufgreifen.

„Die Führung muss vom Geführten freiwillig angenommen werden. Sie muss auf dem Vertrauen des Geführten basieren, darf nicht auf Recht oder Forderungen beruhen. Der Gehorsam dem Führer oder der Führerin gegenüber kann in diesem Sinne nur ein freier sein."[5]

Es geht in diesem Beitrag damit vornehmlich um die *Art* der Führung, die konstruktive Auseinandersetzung mit der Führungsqualität und dem Führungsstil, basierend auf verschiedenen Aspekten des o.g. Zitates wie Vertrauen, Recht und Forderungen. Der notwendige Grad der Zielerreichung für das Unternehmen wird bei dem hier vorgestellten Verständnis als vorausgesetzt angenommen.

Für den Begriff Kultur lautet eine mögliche soziologische Definition des Begriffes folgendermaßen:

„Kultur wird als ein gruppenbezogenes, verinnerlichtes, nicht-statisches, teilweise unbewusstes Orientierungs- und Bedeutungssystem verstanden, welches unser Sein, Handeln, soziales Miteinander, Denken, Fühlen und unsere Glaubensweisen beeinflusst, aber nicht determiniert."[6]

Ein wesentlicher Aspekt dieser Definition ist der Bezug auf traditionelle Ideen und Werte, die sich in der Regel aus der Geschichte einer Gruppe entwickeln. Dieses Sein, Denken, Handeln etc. ist bei den Gruppenmitgliedern so verinnerlicht, dass darauf basierende Lebensweisen in großen Teilen

---

5 Wulf, 1964, S. 574 f.
6 Tomforde, 2015, S. 112.

des alltäglichen Miteinanders unbewusst vonstattengehen. Für Kultur wird daher oftmals der Vergleich des Eisberges gewählt, bei dem ebenfalls nur ein Bruchteil der Oberfläche wirklich wahrnehmbar ist (z.B. Begrüßungen, Kleidung, Sprache), ein Großteil aber völlig unbewusst im Verborgenen stattfindet (z.B. Werte, Gefühle, Bedürfnisse). Die in der Definition zu findende Flexibilität in Form des nicht-statischen Handelns bei kulturellen Praktiken repräsentiert die notwendige Wandlungsfähigkeit, der kulturelle Prozesse unterworfen sind. Sie passen sich stets den aktuellen realen Begebenheiten an, ohne dabei den Bezug zu ihrer Vergangenheit völlig zu verlieren.[7]

Im Kontext dieses Beitrages beschreibt die »Attraktivität« die Anziehungskraft eines Arbeitgebers. Diese Anziehungskraft bestimmt zum einen, ob ein potentieller Arbeitnehmer in einen Berufszweig einsteigt (Personalgewinnung) oder aber, ob ein bereits beschäftigter Mitarbeiter im Beruf verbleibt (Mitarbeiterbindung). Ob ein Beruf als attraktiv angesehen wird, hängt maßgeblich von drei Faktoren ab: dem Berufsstatus, der Berufstätigkeit und der Zusammenarbeit mit anderen Mitarbeitern und Vorgesetzten, also dem Team (vgl. Abbildung).[8] Unter dem Berufsstatus sind u.a. Gehaltszahlungen, Arbeitszeiten und Ansehen in der Bevölkerung zu nennen, wogegen die Berufstätigkeit die eigentlichen Handlungen des Berufs, das Arbeitsgerät, das Arbeitsumfeld etc. beschreibt.

Zur Bewertung der Attraktivität und Berufszufriedenheit wird in dieser Arbeit das hypothetische Konstrukt der Motivation[9] genutzt:

„Motivation ist der allgemeine Begriff für alle Prozesse, die der Initiierung, der Richtungsgebung und der Aufrechterhaltung physischer und

---

[7] Vgl. Tomforde, 2015, S. 112ff.
[8] Vgl. Zemp, Stand 03.10.2016.
[9] Vgl. Rheinberg/Vollmeyer, 2012, S. 14.

psychischer Aktivitäten dienen."[10]

Motive sind hierbei in der Regel biogen oder soziogen vermittelt worden und können bspw. in Machtmotive, Anschlussmotive und Leistungsmotive unterteilt werden.

3 Führungskultur

Siegfried Hoenle hat in seinem Werk zur Führungskultur in der Schweizer Armee eine Verknüpfung der Begriffe Führung und Kultur folgendermaßen beschrieben:

„Unter Führungskultur ist das Muster von gemeinsamen, meist impliziten Grundannahmen über die Führungsrealität in der Organisation zu verstehen, das sich in übereinstimmenden Wahrnehmungs-, Denk- und Handlungsweisen der an der Führungsbeziehung Beteiligten manifestiert und ihnen Orientierung spendet."[11]

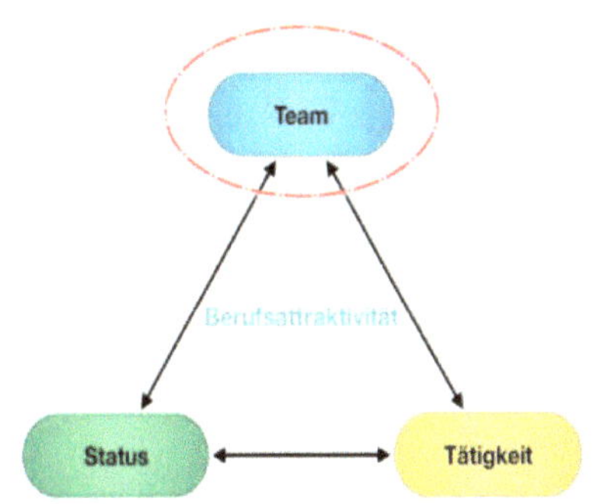

Abbildung: Faktoren der Berufsattraktivität

Hier finden sich wesentliche Elemente aus den zuvor gegebenen Einzeldefinitionen von Führung und Kultur wieder. Insbesondere der Gesichtspunkt der *impliziten* Grundannahmen über die Führungsrealität verweist auf die allge-

---

[10] Zimbardo/Gerrig, 2004, S. 503.
[11] Hoenle, 1996, S. 41.

meine Kulturdefinition, in der von einem verinnerlichten und teilweise unbewussten Orientierungssystem gesprochen wird. Führung in Unternehmen basiert hiernach einerseits auf einem individuellen Aspekt, der vom Charakter, den Erfahrungen und den aktuellen Stimmungen der Person abhängt; andererseits beruht sie aber auch auf einem organisationalen Effekt, bei dem kulturell hinterlegte Strategien von Führung einen direkten Einfluss auf das Führungshandeln des Einzelnen haben.

Die Unterscheidung von Management und Führung ist bei dieser Thematik wesentlich: Management fokussiert die praktische Betriebsführung, Führung hingegen die Menschenführung. Management erstellt Budgetierung und Planung, Führung erzeugt eine Zukunftsvision. Management plant die Organisation und Stellenbesetzung, Führung verschweißt die Mitarbeiter zu einem Team. John Kotter nutzt diese militärische Analogie, um das Konzept zu verdeutlichen:

„In Friedenszeiten kommt das Militär mit einer guten Verwaltung und einem gutem Management, das alles von oben her regelt, völlig aus [...]. In Kriegszeiten hingegen braucht eine Streitmacht gute Führer auf allen Ebenen. Bis heute konnte noch niemand herausfinden, wie man Soldaten wirkungsvoll in die Schlacht managt; sie müssen dahin geführt werden."[12]

Individuelle Ebene von Führung

Jeder Mensch, der in einer Führungsposition eingesetzt wird, hat einen eigenen Hintergrund, der ihn als Vorgesetzten prägt und bildet dabei für sich – größtenteils unbewusst – Gebrauchstheorien von Führung.[13,14] Die individuelle

---

[12] Kotter, 1991, S. 8.

[13] Gebrauchstheorien sind der individuelle Ausdruck der Bedeutung eines Wortes durch bereits gemachte Erfahrungen. Führung kann demnach nur verstanden werden, wenn dieser Mensch schon einmal Erfahrungen mit Führung gemacht hat.

Definition von Führung beginnt von Geburt an, da bereits die Eltern gegenüber dem Kind einen Führungsanspruch geltend machen und dies auf unterschiedliche Art und Weise tun können. Auch die verschiedenen Einflüsse von Lehrern in der Schule, Trainern in Sportvereinen oder Ausbildern in der Berufsausbildung werden bis zu einem ersten Eintritt in ein Unternehmen diese persönlichen Gebrauchstheorien von Führung beeinflussen und damit jedes Führungsverhalten individuell gestalten.

Die alleinige Betrachtung einer spezifischen Führungsstiltheorie wie bei Tannenbaum/Schmidt[15] greift jedoch im Rahmen der individuellen Aspekte einer Führungskultur zu kurz. Mitarbeiter sind typischerweise zufrieden, wenn mitarbeiterorientiert geführt wird.[16] Dies ist allerdings situativ nicht immer möglich, wenn z.B. kurzfristige Entscheidungen getroffen werden müssen. Zudem ist die Art der Führung nicht nur vom Vorgesetzten, sondern auch vom Geführten abhängig. Der Wunsch nach einem allgemeingültigen Führungsmodell ist also unerfüllbar und daher muss immer personenorientiert und/oder situativ angepasst geführt werden, um sowohl Mitarbeiterzufriedenheit als auch Zielerreichung zu gewährleisten.[17]

Organisationale Ebene von Führung

Unternehmen weisen eine organisationale Führungskultur auf. Diese wirkt in Richtung der Individuen, die sich bis zu einem gewissen Grad an diese organisationale Führungskultur anpassen. Gleichzeitig wird diese Kultur natürlich allein durch die in ihr handelnden Individuen geprägt. Die organisationale Führungskultur liefert Regeln des gegenseitigen Miteinanders – so genannte gemeinsame Führungsgrund-

---

14 Vgl. Hübl, Stand 10.12.2016, S. 5.
15 Vgl. Tannenbaum/Schmidt, 1973, S. 4.
16 Vgl. Kogel, 2008, S. 27.
17 Vgl. Hersey/Blanchard, 1977.

annahmen[18] –, die oftmals nicht im direkten Bewusstsein der handelnden Akteure vorhanden sind.[19] Der Begriff der Führungsgrundannahmen ist daher mit dem Begriff der Gebrauchstheorie auf individueller Ebene vergleichbar.

„Der Begriff [...] beschreibt das Verhalten der Mitarbeiter und Führungskräfte untereinander [...]. Durch dieses Verhalten entsteht ein Klima, das zu jeder Zeit wirkt und spürbar ist."[20] Dieses Klima führt bei den Mitarbeitern im positiven Sinne zu Motivation, im negativen Sinne zu Fluktuation u.a. aufgrund geringer Attraktivität und Berufszufriedenheit und überträgt den anthropologischen Kulturgedanken auf die Wirtschaft.

Eine Führungskultur ist auf organisationaler Ebene nur langsam veränderbar,[21] da sie im kollektiven Gedächtnis der Organisation gespeichert ist. Problematisch wird es in einem Unternehmen, weil es „so viele Führungsrealitäten [gibt], wie es soziale Gruppen gibt, die sich jeweils über einen Realitätsentwurf einigen."[22] Um diese Führungsrealitäten zu vereinheitlichen, werden in Unternehmen oft niedergeschriebene Führungskonzeptionen (auch Firmenphilosophien oder Unternehmensleitbilder) genutzt, um die Führungsgrundannahmen des Unternehmens schriftlich fest zu halten.

Führungskultur vs. Führungskonzeption

Schnell wird man dazu verleitet, eine schriftlich vorhandene Führungskonzeption in die Hand zu nehmen und diese nun als Führungskultur des Unternehmens zu bezeichnen. Diese Führungskonzeptionen müssen aber nicht zwangsläufig mit der gelebten Führungskultur im Unternehmen überein-

---

[18] Vgl. Hoenle, 1996, S. 37.
[19] Götz, 1999, S. 5.
[20] von Fournier, 2012, S. 185.
[21] Vgl. von Fournier, Cay, 2012, S. 185.
[22] Hoenle, 1996, S. 37.

stimmen, „sondern können auch einem Wunschdenken über Führung entspringen."[23] Daher gilt:

Führungskonzeption und Führungskultur sind nur dann derselbe Begriff, wenn die überwiegende Zahl der Vorgesetzten Gebrauchstheorien über Führung nutzt, die ebenfalls als Führungsgrundannahmen in einer Führungskonzeption des Unternehmens niedergeschrieben sind.

Ob eine Führungskonzeption der Führungskultur im Unternehmen entspricht, kann nur durch wissenschaftliche Arbeiten erhoben werden, die über qualitative oder quantitative Interviews und Fragebögen erhebt, was aus Sicht der Betroffenen den Führungsalltag im Unternehmen kennzeichnet.

Führungskonzeptionen haben allerdings auch dann einen Sinn, wenn sie empirisch noch nicht vorgelebt werden. Die Führungskonzeption ist dann Wunschbild für die Arbeitsumgebung im Unternehmen und behandelt Themen wie Vertrauen, Respekt und Ehrlichkeit.[24] Wunschbild des Unternehmens und Wunschbild der Mitarbeiter sollten dabei möglichst nahe beieinander liegen, um die Wahrscheinlichkeit zu erhöhen, dass eine Konzeption zu einer gelebten Führungskultur wird. Hier scheint es sinnvoll, Studien zu von den Mitarbeitern gewünschten Führungsgrundannahmen durchzuführen, um diese dann in Führungskonzeptionen eines Unternehmens zu verwenden.

4 Führungskultur in der Bundeswehr

Die IF lässt sich in der Literatur als Führungs*kultur*, aber auch unter dem Begriff der Führungs*konzeption* der Bundeswehr finden – Begriffe die im vorigen Kapitel klar voneinander abgegrenzt wurden. Durch den Vergleich der Vorschriftenlage mit der erlebten Führungsrealität wird in

---

[23] Hoenle, 1996, S. 42.
[24] Vgl. Schmitz, 2005, S. 27ff.

diesem Kapitel bewertet, ob es sich bei der IF um eine Führungskultur oder -konzeption handelt.

Führung in der Bundeswehr – Vorschriftenlage

Während in der Weimarer Republik die Streitkräfte als Staat im Staate angesehen wurden und das nationalsozialistische Regime die Wehrmacht für die Gräueltaten des Zweiten Weltkrieges missbraucht hatte, sollte bei Gründung der Bundeswehr die Beziehung von Staat und Streitkräften gänzlich neu bestimmt werden.[25] Der Begriff des „Inneren Gefüges" – woraus wenig später die IF entstand – wurde erstmals im Rahmen des Neuaufbaus der deutschen Streitkräfte in den 1950er Jahren verwendet.

„Das Innere Gefüge sollte so beschaffen sein, dass Menschen mit ihren individuellen Persönlichkeiten, mit ihren Gewissensentscheidungen und Überzeugungen, mit ihren Fachkenntnissen und Lebenserfahrungen vertrauensvoll im Team zusammenarbeiten können."[26]

Bereits zu diesem Zeitpunkt begann im Amt Blank ein Diskurs um das Bild des Soldaten, der in der zukünftigen Bundeswehr seinen Dienst tun sollte.[27] Heinz Karst – einer der bedeutendsten Vertreter der Traditionalisten unter den Gründervätern der IF – wünscht, den Soldaten als Kämpfer zu betrachten: „Der Hauptzweck einer Armee [ist], schlagkräftiges Instrument der Politik"[28] zu sein. Baudissin hingegen sieht in Zeiten der gegenseitigen Abschreckung zwischen Staaten, die im Ernstfall in atomarer Vernichtung münden würden, den Soldaten als denjenigen, der für den Frieden eintreten muss. Es gibt „kein politisches Ziel, welches mit kriegerischen Mitteln angestrebt werden darf und kann".[29] Dies zeigt bereits zur Gründerzeit der IF die un-

---

[25] Vgl. Schall, 1965, S. 7.
[26] Dörfler-Dierken, 2013, S. 49.
[27] Vgl. Geppert, 2014, S. 40.
[28] Karst, 1994, S. 13.
[29] Baudissin, 1969, S. 21.

terschiedlichen Gebrauchstheorien zur Führung von Soldaten in einer post-atomaren Welt.

Das Handbuch Innere Führung von 1957 beschreibt mit der Brücke zwischen den zivilen Freiheiten und den militärischen Notwendigkeiten und Pflichten den Staatsbürger in Uniform und damit ein bis heute wiederzufindendes Paradigma der IF.[30] Freiheiten und Rechte des Staatsbürgers, wie die Menschenwürde, Religionsfreiheit, Meinungsfreiheit sollen nur dann eingeschränkt werden, wenn der soldatische Auftrag dies ausdrücklich erfordert. Nur wenn ein Soldat als Staatsbürger selbst erfahren kann, welche Freiheiten und Rechte er für seine Mitmenschen verteidigen soll, ist er aufgrund seiner inneren Überzeugung bereit dazu, dies bis hin zum ultimativen Einsatz seines Lebens in Uniform zu tun.[31]

Kernaspekte der IF sind die Legitimation, Integration, Motivation und die Gestaltung der Inneren Ordnung. *Legitimation* bedeutet in diesem Zusammenhang, dass dem Soldaten zu jeder Zeit klar sein soll, warum er dient und welchen rechtlichen, politischen und ethischen Normen er dabei zu folgen hat. Die *Integration* nimmt das Leitbild der IF – den Staatsbürger in Uniform[32] – auf. Es geht um die Verzahnung der Bundeswehr mit der Gesellschaft. Zum einen soll über die Soldaten ein Verständnis in der Gesellschaft für die Notwendigkeit der Aufgaben der Bundeswehr geschaffen werden, zum anderen soll aber auch der Soldat selbst aktiver Teil der Gesellschaft bleiben. Nur wer selbst die im Grundgesetz festgehaltenen Grundrechte erlebt, weiß diese auch zu schätzen und ist bereit, diese zu verteidigen.

Bei der *Motivation* geht es um den Anreiz für den Soldaten, mit maximalem Engagement für die dienstlichen Zwecke einzutreten. Letztlich bleibt die *Gestaltung der Inneren Ordnung*

---

[30] Vgl. Bundesministerium für Verteidigung, 1957, S. 17ff.
[31] Vgl. Dörfler-Dierken, 2013, S. 49.
[32] Vgl. Bundesministerium der Verteidigung, 2008, Ziffer 105.

zu nennen, die den Spagat zwischen der Erfüllung der militärischen Aufgaben unter gleichzeitiger Beibehaltung der Menschenwürde und des Rechtsstaates zu sichern hat.[33] Der erläuterte Kernbestand der IF ist unveränderbar, lässt die IF aber nicht zu einem starren Konzept werden. Die Methoden und Herangehensweisen zur Umsetzung der IF werden stetig bewertet und fortentwickelt.[34]

Die heutige Zentrale Dienstvorschrift A-2600/1 Innere Führung von 2008 bleibt aber nahe an ihren beschriebenen Wurzeln. Handlungsrahmen ist das gesamte Einsatzspektrum der Bundeswehr vom Grundbetrieb in Deutschland über die Verwendung in multinationalen Stäben bis hin zu Einsatz, Gefecht und Krieg. Zivile Mitarbeiter der Bundeswehr werden in dieser Vorschrift ebenfalls einbezogen, allerdings nur gebeten, ihr Handeln an der IF auszurichten.

Die drei sogenannten hauptsächlichen Gestaltungsfelder der heutigen Vorschrift – Menschenführung, politische Bildung sowie Recht und soldatische Ordnung – werden durch sieben zusätzliche Gestaltungsfelder umrahmt. Die Betrachtung wird sich nachfolgend im Schwerpunkt auf das Gestaltungsfeld der Menschenführung beschränken. Diese wird als Kernaufgabe aller Vorgesetzten in der Bundeswehr unter erneutem, ausdrücklichen Bezug auf die Menschenwürde als Grundsatz der Menschenführung verstanden. „Wer Menschenwürde verteidigt, muss Menschen würdig behandeln"[35] fasst den dahinter stehenden Gedanken zusammen. Nur auf Grundlage einer Vertrauenskultur können die Soldaten im Team oder als Kampfgemeinschaft die Entbehrungen und Gefahren des soldatischen Dienstes gemeinsam bestehen, wobei Beteiligungsrechte bei Führung und Entscheidung zur Geltung kommen sollen.

---

[33] Groß, 2008, S. 7f.
[34] Fröhling, 2008, S. 125.
[35] Bundesministerium der Verteidigung, 2008, S. 12.

„Wer Menschen führen will, muss Menschen mögen"[36] als einer der Leitsätze der Vorschrift zeigt, unter welchen Voraussetzungen Vertrauen zwischen Menschen entstehen kann. Mit Hilfe von Gesprächen sollen Vorgesetzte und Untergebene sich gegenseitig besser kennenlernen, um als *Kampfgemeinschaft* zusammengeschweißt zu werden, wobei Gleichberechtigung aller Soldaten und Gleichstellung von Frauen selbstverständlich sichergestellt werden sollen.

Führungsmittel der Menschenführung der Bundeswehr ist – unter Voraussetzung einer Vertrauenskultur – das Führen mit Auftrag. Dies bedeutet, dass ein Soldat einen Auftrag oder ein Ziel erhält und er den Weg zur Zielerreichung mit den ihm gegebenen Mitteln selbst wählen kann; zugleich ist das ein Ausdruck partizipativen Führens. Mit dieser Art der Menschenführung wird dem Staatsbürger in Uniform ein enorm hohes Verständnis komplexer Zusammenhänge abverlangt. Wissen um Sinn und Notwendigkeit einer Aufgabe vor dem Hintergrund des Verständnisses des Gesamtzusammenhangs sind die *conditio sine qua non*, um erfolgreich im Sinne einer übergeordneten Führung mit Auftrag zu handeln. Politisches Verständnis – gefördert durch die politische Bildung – ist dabei ebenso notwendig, wie die Vergegenwärtigung rechtlicher Grundlagen, Anwendung interkultureller Kompetenz im Umgang mit Fremden oder militärstrategische, operative und taktische Erwägungen.[37]

Im Rahmen der Weiterentwicklung der Vorschrift hat die Bundeswehr mit der Agenda „Bundeswehr in Führung – Aktiv. Attraktiv. Anders."[38] die Initiative gestartet, den Arbeitgeber Bundeswehr in verschiedenen Bereichen zu modernisieren. Teil dieser Modernisierung soll auch die IF sein – unter anderem, um eine „Harmonisierung des Füh-

---

[36] Bundesministerium der Verteidigung, 2008, S. 12.

[37] Vgl. Ruffa/Dandeker, 2013, S. 322ff. und Bundesministerium der Verteidigung, 2008, S. 12ff.

[38] Vgl. BMVg Presse- und Informationsstab, Stand 02.05.2016.

rungsverständnisses im militärischen und zivilen Bereich"[39] zu erreichen.

Mittelfristig soll die Vorschrift als verbindliches Dokument für alle Bereiche der Bundeswehr gelten. Auch die erst vor kurzem erlassene Personalstrategie der Bundeswehr spricht im Vorwort davon, dass die Führungs- und Organisationskultur der Bundeswehr weiterzuentwickeln sei, bleibt aber in konkreten Handlungsvorschlägen vage. Es wird mehrfach die Notwendigkeit einer Weiterentwicklung der Führungskultur und der Schaffung eines gemeinsamen Führungsverständnisses gefordert. Für konkrete Maßnahmen wird auf zukünftig folgende Studien zu *Exzellenter Führung* bzw. einer *bundeswehrgemeinsamen Führungs- und Organisationskultur* im BMVg verwiesen.[40]

5 Führung in der Bundeswehr – Erlebte Realität

Die Streitkräftebefragung „Innere Führung in Zahlen" hat nach 57 Jahren Bundeswehrgeschichte erstmals eine empirische Befragung zur IF durchgeführt, um einen „Einblick in die Umsetzung der Grundsätze der Inneren Führung innerhalb der Bundeswehr"[41] zu ermöglichen. Die Studie erhielt Antworten von 19% der Befragten und erfasste damit 4% der Grundgesamtheit der Soldaten. Einerseits wurde erhoben, welche Kenntnis, Einstellung und welches Verständnis zur IF in ihrer Vorschriftenform besteht. Andererseits sollte durch die Befragten das tatsächliche Vorgesetztenverhalten und ihr Vertrauen in die unmittelbaren Vorgesetzten bewertet werden.

Die Kenntnis der Vorschrift wird durch die Auswerter der Studie als hoch bewertet. Fraglich erscheint in diesem Zu-

---

[39] Bundesministerium der Verteidigung, 2015, S. 3.
[40] Vgl. Bundesministerium der Verteidigung, Stand 11.12.2016, S. 21.
[41] Dörfler-Dierken/Kramer, 2014, S. 9.

sammenhang allerdings die Definition von „Kenntnis": 14% der Befragten geben an, sich bereits intensiv mit der IF beschäftigt zu haben und alle wesentlichen Fakten und Zusammenhänge zu kennen. Der überwiegende Anteil der Soldaten (78%) hat zwar schon von der IF gehört, kennt aber nur einige Fakten oder weiß nichts Konkretes. 8% der Befragten haben noch nie von der IF gehört. Betrachtet man diesen Aspekt und setzt für „Kenntnis" ein höheres Maß als „nur einige Fakten oder weiß nichts Konkretes" an, kann sie allenfalls als mittelmäßig bezeichnet werden. Dies ist umso erstaunlicher, da eine Auswahl sehr dienstunerfahrener Soldaten in der Nettostichprobe als unwahrscheinlich anzunehmen ist, da die Zufallsstichprobe per Lotus Notes adressiert wurde und dieser Client in der Regel erst nach der Grundausbildung zur Verfügung steht.[42]

Problematisch erscheint nicht nur der allgemeine Verbreitungsgrad, sondern die Abhängigkeit der Kenntnis von der Dienstgradgruppe. Während 88% aller Stabsoffiziere mindestens einige Fakten und Zusammenhänge zur IF benennen können, sind dies unter den Mannschaftssoldaten nur 22%.[43] Eventuell wird die IF durch diese Soldaten zwar erlebt, sie sind aber dennoch nicht in der Lage, einen Zusammenhang zum Begriff der IF und der Vorschrift herzustellen. Des Weiteren wurden die Soldaten gebeten, bis zu drei Stichworte zu ihrer persönlichen Gebrauchstheorie von Innerer Führung abzugeben. Während bei den Mannschaftsdienstgraden Kameradschaft und Menschenführung – somit ein Kernelement der Motivation – das Zentrum der Antworten bilden, tritt bei den Stabsoffizieren die Menschenführung hinter dem Bild des Staatsbürgers in Uniform – also einem Kernelement der Integration – zurück.[44]

---

[42] Vgl. Dörfler-Dierken, 2014, S. 19.
[43] Vgl. Dörfler-Dierken, 2014, S. 20.
[44] Vgl. Dörfler-Dierken, 2014, S. 24ff.

Insgesamt gaben knapp 58% der Befragten an, dass sie der IF positiv oder eher positiv gegenüber eingestellt sind, aber „entscheidet sich gut ein Drittel der Befragten […] für die Mitte und damit für ‚teils/teils‘, […] dann ist das bedenklich."[45] Auslandseinsätze erzeugen gemäß der Studie allerdings keine signifikanten Änderungen in Bezug auf die Einstellung zur IF. Die Veränderung der Bundeswehr zu einer Einsatzarmee hat damit dem Stand der IF in der Truppe weder geschadet, noch diesen positiv beeinflusst.[46]

Zur Darstellung der Wahrnehmung des realen Vorgesetztenverhaltens wurde in der Studie insbesondere die Frage nach der Zufriedenheit mit dem Führungsstil aufgenommen, wobei diese Frage auf den unmittelbaren Vorgesetzten eingeschränkt wurde. Die Mannschaftssoldaten und die Stabsoffiziere weisen im Rahmen dieser Umfrage die höchsten Zufriedenheitswerte mit dem Führungsstil der unmittelbaren Vorgesetzten auf. 69% der Mannschaften und 63% der Stabsoffiziere sind sehr oder zumindest eher zufrieden. Der Tiefpunkt der Zufriedenheit liegt bei den Unteroffizieren mit Portepee, bei denen nur 52% der Soldaten sehr oder zumindest eher zufrieden sind. „Wenn etwa jeder/jede fünfte Soldat bzw. Soldatin nur ‚teils/teils‘ zufrieden ist, wenn mehr als jeder fünfte Offizier gar angibt, ‚eher unzufrieden‘ oder gar ‚sehr unzufrieden‘ zu sein, dann sind das alarmierende Signale."[47]

In einem weiteren Schritt wurden Einzelmerkmale des Vorgesetztenverhaltens abgefragt. Hierbei ist auffällig, dass dem unmittelbaren Vorgesetzten mit 69%iger Zustimmung ein recht hoher Wert bei seiner fachlichen Kompetenz zugesprochen wurde; die Zustimmungswerte zu Fragen der Kompetenz in der Menschenführung liegen mit knapp 50% und darunter allerdings allesamt in einem kritischen Be-

---

[45] Dörfler-Dierken, 2014, S. 30.
[46] Vgl. Dörfler-Dierken, 2014, S. 36f.
[47] Dörfler-Dierken, 2014, S. 41.

reich. Die folgenden Prozentzahlen zeigen die Zustimmung der Untergebenen zu einer Fähigkeit des Vorgesetzten, wenn sie mit „Trifft zu" oder „Trifft eher zu" bewertet wurden: 53% durchstehen schwierige Situationen gemeinsam mit den Untergebenen, 51% gehen mit gutem Vorbild voran, 49% vermitteln Handlungssicherheit, 45% sind in der Lage sich selbst kritisch einzuschätzen und nur 43% führen partnerschaftlich.[48]

In einer Zusammenfassung weiterer Studien zur Thematik der IF hat das BMVg in seinem abschießenden Untersuchungsbericht zur Führungskultur festgestellt, dass im Bereich der Dienstaufsicht, der Kommunikation, des Führens mit Auftrag und der Führungskultur im Allgemeinen Defizite bestehen. Dienstaufsicht findet weder in der geforderten Qualität noch Quantität statt und die Kommunikation ist oft nur sehr unpräzise und oberflächlich, so dass unterstellte Soldaten mitunter nicht genau wissen, was von ihnen verlangt wird. „Das Führen mit Auftrag wird durch wahrgenommene Entmündigung, Mutlosigkeit der Vorgesetzten, mangelnde Transparenz zu Auftragshintergründen und Mikromanagement konterkariert."[49] Eine mangelhafte Fehler- und Vertrauenskultur sowie geringer persönlicher Kontakt zwischen Vorgesetztem und Untergebenen runden die Kritik am derzeitigen Führungsverhalten ab.[50]

Um weitere Aussagen zur Wahrnehmung des gelebten Vorgesetztenverhaltens darzulegen, folgen einige Aussagen der Berichte des Wehrbeauftragten von 2008 bis 2015. Der Bericht des Wehrbeauftragten von 2008 bemängelt, dass die Bundeswehr „immer mehr den Fachmann und immer weniger den Soldaten und Kameraden ausbilde."[51] Weiterhin wurde bemängelt, dass es in der Bundeswehr eine mangel-

---

[48] Vgl. Dörfler-Dierken, 2014, S. 43ff.
[49] Bundesministerium der Verteidigung, 2015, S. 14.
[50] Vgl. Bundesministerium der Verteidigung, 2015, S. 13f.
[51] Wehrbeauftragter des Deutschen Bundestages, 2008, S. 20.

hafte Fehlerkultur gäbe, bei der es vornehmlich um Absicherung ginge und weniger darum, verantwortungsvolle Entscheidungen zu treffen. Der Wehrbeauftragte zeigt hierbei neben fehlender Ausbildung auch die große Menge an Aufträgen und Beeinträchtigungen in der Ausstattung mit Personal und Material als Fehlerquellen auf.[52]

Im Jahr 2009 wird ein ähnliches Bild vom inneren Zustand der Truppe in Bezug auf die Führung gezeichnet: „Gleichgültigkeit, Überlastung, Frustration, mangelnde Eignung zur Menschenführung, Ausbildungsdefizite, unzureichende Erfahrung und Kommunikationsdefizite von Ausbildern und Vorgesetzten geben immer wieder Anlass zu Klagen."[53] Im selben Zug wird erneut die Konzentration der Ausbildung auf Fachwissen bemängelt. Fragen der Menschenführung oder des Rechtsbewusstseins werden nicht mit der ihnen gebührenden Aufmerksamkeit vermittelt. Zu den erhaltenen Eingaben und Eindrücken aus seinen Besuchen folgert der Wehrbeauftragte:

„Sie legen Zeugnis davon ab, dass Vorgesetzte aller Dienstgrade bedenkenlos ihre soldatischen Pflichten und die Vorgaben der ZDv 10/1 „Innere Führung" missachten."[54]

Ähnliche Themen werden auch 2010 und 2011 wieder angesprochen und als eine Fehlerquelle wird aufgeführt, dass Vorgesetzte immer weniger Vertrauen in die Fähigkeiten des unterstellten Personals aufweisen. Hier zeigt sich erneut ein Indiz für eine mangelhaft ausgeprägte Vertrauenskultur, die schon im Bericht 2008 bemängelt wurde. Dies führt in einem Teufelskreis unmittelbar dazu, dass Vorgesetzte noch mehr Aufgaben selber übernehmen und weniger Zeit für die eigentliche Führungsaufgabe wahrnehmen können.[55] Alle gerade genannten Probleme finden sich in un-

---

[52] Vgl. Wehrbeauftragter des Deutschen Bundestages, 2008, S. 20f.
[53] Wehrbeauftragter des Deutschen Bundestages, 2009, S. 23.
[54] Wehrbeauftragter des Deutschen Bundestages, 2009, S. 23.
[55] Vgl. Wehrbeauftragter des Deutschen Bundestages, 2011, S. 11.

terschiedlicher Ausprägung in den Folgejahren der Berichte wieder. Im Jahresbericht 2015 findet sich zudem ein weiterer gravierender Hinweis auf eine problematische Fehlerkultur:

„In der Bundeswehr besteht eine Struktur, in der das Bestreben, Fehler zu vermeiden, einen sehr hohen Stellenwert hat, was im Einzelfall zur Vermeidung von Verantwortung überhaupt führen kann. [...] Eine Mentalität der Absicherung nach allen Seiten, fehlender Mut zu eigenen Entscheidungen, sie lieber Nachfolgern zu überlassen und möglichst jedes nur denkbare Risiko gerichtsfest zu vermeiden, sind nicht selten. "[56]

6 Innere Führung – Kultur oder Konzeption?

Nachdem Kennzeichen einer Führungskultur dargestellt wurden und gerade die Führung der Bundeswehr in ihrer Vorschrift als auch in ihrer erlebten Führungsrealität erläutert wurde, soll in diesem Abschnitt abschließend beantwortet werden, inwieweit die IF eine Führungskultur darstellt. Hierzu wird in einem ersten Schritt bewertet, ob die Vorschrift der IF in ihrer beschriebenen Ausprägung von 2008 als Führungskultur grundsätzlich geeignet erscheint. In einem zweiten Schritt erfolgt dann die Bewertung, ob diese ggf. geeignete Vorschrift im kulturellen Handeln der Akteure umgesetzt ist und somit als Führungskultur gelten kann.

Die Vorschrift der IF in ihrer Ausprägung von 2008 liefert in hervorragender Weise Strategien und Führungsgrundannahmen des Unternehmens Bundeswehr, die zu einer Führungskultur beitragen könnten. Die IF erfüllt dabei international gesetzte Ansprüche an soldatisches Handeln, indem die von der Organisation für Sicherheit und Zusammenarbeit in Europa geforderten Standards für parlamentarische

---

[56] Wehrbeauftragter des Deutschen Bundestages, 2015, S. 34.

Kontrolle oder individuell verantwortliche und ethische Akteure erfüllt werden.[57]

Die Ziele und Anforderungen der IF beinhalten alle wesentlichen Elemente einer modernen Führungskultur. Legitimation, Integration und Motivation sind ebenfalls unter etwas abweichenden Begriffen immer wieder in der wissenschaftlichen Literatur zu lesen. Diese sind ebenso wie Kreativität und Teamorientierung einige der Notwendigkeiten eines modernen Unternehmens und die Bundeswehr schafft im Rahmen der Vorschrift IF geeignete Führungsgrundannahmen, die an das Personal weitergegeben werden könnten.

Die IF geht hierbei sogar noch wesentliche Schritte weiter, indem sie neben der Menschenführung als Kernelement einer Führungskultur auch dafür Sorge tragen will, dass über das Gestaltungsfeld der politischen Bildung immer das „Wofür" des soldatischen Tuns in Erinnerung gerufen wird. Gleichzeitig wird durch das Gestaltungsfeld Recht eine rechtliche und ethische Grundlage gelegt, wie das „Wofür" erreicht werden soll.

Gesellschaftliche Veränderungen können in die Bundeswehr aufgenommen und Führungshandeln immer wieder neu geformt und beeinflusst werden, da die IF a priori als dynamische Konzeption entworfen wurde.[58] Die Vorschrift der IF ist also als ein Muster von überaus geeigneten gemeinsamen Führungsgrundannahmen über die Organisation Bundeswehr.

Dies erfüllt aber nur *Teile* der Definition einer Führungskultur. Bis zu diesem Punkt der Arbeit kann die IF damit als ausgereifte und wohl erdachte *Führungskonzeption* gelten. Durch die Auswertung der Studie „Innere Führung in Zahlen" zeigte sich, dass die Kenntnis der IF nur als mittelmä-

---

[57] Vgl. Dörfler-Dierken, 2011, S. 101.
[58] Vgl. Bundesministerium der Verteidigung, 2015, S. 10.

ßig bewertet werden kann. Diese Unkenntnis muss nicht im Umkehrschluss bedeuten, dass die IF nur Konzeption sein kann. Die Soldaten können – wie in der Kulturdefinition beschrieben – durchaus unbewusst mit den Führungsgrundannahmen der IF in Berührung kommen oder im Rahmen dieser agieren.

Leider konnte sich durch die Auswertung der Studie IF in Zahlen und der Berichte des Wehrbeauftragten nicht bestätigen, dass die Gebrauchstheorien der Vorgesetzten tatsächlich mit den Führungsgrundannahmen der Vorschrift übereinstimmen. Hier haben sich einige gravierende Mängel gezeigt, die in einer deutlichen Unzufriedenheit mit den Vorgesetzten mündeten. Auch die Bewertung von Einzelmerkmalen des Vorgesetztenverhaltens zeigt Abweichungen vom Idealbild der IF. Mikromanagement, fehlende Führung mit Auftrag, wenig partnerschaftliches Führen; all dies sind Merkmale, die durch die Vorschrift der IF im Rahmen der Menschenführung eindeutig gefordert werden, in der Realität so aber scheinbar nicht umgesetzt werden.

Die IF ist damit mit ihren aufgestellten Führungsgrundannahmen eine ausgezeichnet aufgestellte *Führungskonzeption* der Bundeswehr, kann aber aufgrund mangelnder Umsetzung dieser Führungsgrundannahmen in den Gebrauchstheorien von Führung der Vorgesetzten derzeit nicht als *Führungskultur* der Bundeswehr bezeichnet werden. Hierzu mangelt es an den *übereinstimmenden* Wahrnehmungs-, Denk- und Handlungsweisen der an der Führungsbeziehung beteiligten Personen.[59]

7 Auswirkungen von Führungskultur

Ob Führungskultur oder Führungskonzeption – relevant ist, welche Auswirkungen ein solches Konstrukt im täglichen Arbeitsleben zeigt. Welche Auswirkungen sind im

---

[59] Vgl. Hoenle, 1996, S. 41.

Rahmen der erlebten Führungskultur auf Attraktivität und Berufszufriedenheit zu erwarten? Welche Auswirkung wären bei vollständiger Anwendung aller Aspekte aus der Vorschrift IF wahrscheinlich?

Zu Beginn muss geklärt werden, was unter Attraktivität und Berufszufriedenheit zu verstehen ist. Tätigkeit, Status und Team sind die wesentlichen Faktoren von Berufsattraktivität. Berufszufriedenheit ist dann erreicht, wenn alle drei Faktoren der Berufsattraktivität für einen Mitarbeiter positiv belegt sind. Führungskulturen wirken sich direkt auf alle drei beschriebenen Faktoren von Berufsattraktivität aus.

Im Rahmen der Tätigkeit bevorzugen Menschen in der Regel diejenigen Tätigkeiten, bei denen sie einen persönlichen Einfluss auf ihre Arbeit spüren können und stark eigenverantwortlich agieren. Typischerweise wird ein Feedback zur Arbeit gewünscht oder zumindest Vergleichsmöglichkeiten mit anderen Menschen gesucht.[60] Indem eine Führungskultur Mikromanagement verhindert, Vertrauen zwischen Vorgesetztem und unterstelltem Personal erzeugt und damit Freiheiten in der Eigenverantwortlichkeit des Arbeitens ermöglicht sowie regelmäßig eine Wertschätzung der Tätigkeit erfolgt, kann sie einen wesentlichen Beitrag zu Erfüllung des Leistungsmotivs eines Mitarbeiters und damit seiner Zufriedenheit im Rahmen der Tätigkeit erzeugen.

Der Status einer Tätigkeit beschreibt indirekt das Bedürfnis danach, in einem Unternehmen aufzusteigen oder Macht über andere gewinnen zu können – die Machtmotivation.[61] Eine Führungskultur kann dieses Motiv durch Übertragung von Führungsverantwortung befriedigen, indem sie auch außerhalb der Hierarchie Strukturen in Projektorganisationen oder Teams ermöglicht, bei denen einzelne Mitarbeiter Führungsverantwortung übernehmen können.

---

[60] Vgl. McClelland, 1987, S. 227ff.
[61] Vgl. McClelland, 1987, S. 268ff.

Der Einfluss des Teams auf die Berufsattraktivität wird durch das Zugehörigkeitsmotiv von McClelland angesprochen. Enge soziale Beziehungen mit anderen Menschen befriedigen dieses Motiv. Menschen suchen nach kooperativen Arbeitsbedingungen und wünschen sich ein positives Sozialklima im Rahmen ihres Arbeitsumfeldes.[62] Demokratische Führungsstile und -methoden erfahren von den Mitarbeitern eine hohe Wertschätzung. Militärisch sind diese Faktoren ebenfalls lange bekannt:

„Dieser wahre Geist des Krieges scheint mir darin zu bestehen, daß man die Kräfte eines jeden einzelnen im Heere so viel als möglich in Anspruch nimmt [...], damit so das Kriegsfeuer alle Elemente des Heeres durchglühe und es nicht in der großen Masse eine Menge toter Kohlen gebe. Dies geschieht [...] durch die Art, wie man den einzelnen behandelt, noch mehr aber, wie man ihn gebraucht."[63]

Das Kriegsfeuer als Umschreibung der Motivation eines Soldaten zeigt, dass bereits damals das Verständnis des *Wofür* eine bedeutende Rolle einnimmt.[64] Auch individuelles Führen mit Auftrag unter Anwendung eines situativen und personenorientierten Führungsstils sind nach Clausewitz lange dadurch bekannt, „daß man durch die Belebung der individuellen Kräfte unendlich mehr gewinnt [...]."[65] Es ist daher davon auszugehen, dass die zuvor genannten Aspekte der Attraktivität auch auf militärische Strukturen anwendbar und damit ähnliche Effekte zu erwarten sind.

Bewertung der Auswirkung – Vorschriftenlage

„Das ethische Fundament trägt."[66] Mit diesem Satz fasst der ehemalige Generalinspekteur der Bundeswehr die Auswirkungen auf Attraktivität und die Berufszufriedenheit

---

[62] Vgl. McClelland, 1987, S. 346ff.
[63] Clausewitz, 1809.
[64] Vgl. Buschmann, 1980, S.23f.
[65] Clausewitz, 1809.
[66] Schneiderhahn, 2008, S. 4.

durch die Führungskonzeption der IF gut zusammen. Die IF ist aufgrund ihrer Offenheit im Hinblick auf gesellschaftlichen und sozialen Wandel ein lebendes Dokument, das sich immer wieder neuen Vorstellungen von Führung anpassen und diese in die Bundeswehr integrieren kann. Mit zwei ihrer Aspekten, nämlich dem *Staatsbürger in Uniform* und dem *Führen mit Auftrag* erfüllt sie einen großen Teil der Forderungen an die Faktoren Tätigkeit, Status und Team der Berufsattraktivität.

Der Soldat hat immer wieder die Möglichkeit, seinen persönlichen Einfluss auf die Arbeit zu spüren, was vor dem Hintergrund von Auslandseinsätzen sogar noch stärker der Fall ist, als es zu Zeiten der Blockkonfrontation war. Zum einen durch die direkte Wahrnehmung der Verbesserung der Lebensverhältnisse anderer Menschen im Einsatzgebiet. Zum anderen durch die neue Betrachtung der Grundrechte, die der Soldat vor dem Hintergrund des Auslandseinsatzes nicht mehr als Selbstverständlichkeit ansieht, sondern mit neuer Wertschätzung betrachtet.

Kaum eine Führungskonzeption der Wirtschaft wird ähnlich weitläufige Führungsgrundannahmen zu Menschenführung, Fürsorge und Betreuung oder Vereinbarkeit von Familie und Dienst nutzen, um ein Team zu formen und zusammenzuhalten. Kooperative Arbeitsbedingungen werden in diesen Kapiteln ebenso gefordert, wie ein positives Sozialklima. „Soldatinnen und Soldaten werden Einschränkungen und Belastungen leichter ertragen, wenn sie [...] in ihrer militärischen Gemeinschaft einen festen kameradschaftlichen Halt haben.“[67] Für das kooperative Arbeitsumfeld wird das Vertrauen als wichtigste Grundlage aufgeführt und klar erläutert, dass im Rahmen der modernen Menschenführung dieses Vertrauen nur erreicht werden kann, wenn der Vorgesetzte sich Zeit für sein unterstelltes Personal nimmt und dieses auch persönlich kennenlernt.

---

[67] Bundesministerium der Verteidigung, 2008, Ziffer 616.

Die IF bedient alle zuvor vorgestellten Faktoren der Berufsattraktivität und Berufszufriedenheit. Die IF ist in ihrer Konzeption nicht nur darauf bedacht, gewisse Hygienefaktoren – wie partnerschaftliches Führen oder das Einschwören auf ein gemeinsames Ziel – zu bedienen, sie geht mit verschiedenen Motivatoren im Bereich der Fürsorge, Vereinbarkeit von Familie und Dienst oder der sanitätsdienstlichen Versorgung sogar über das in Wissenschaft oder Wirtschaft übliche Maß einer Führungskonzeption hinaus.

Bewertung der Auswirkung – erlebte Realität

Wie wirkt sich nun die *Abweichung* vom Idealverhalten der Führungskonzeption durch das real gezeigte Führungsverhalten auf die Berufsattraktivität und -zufriedenheit aus? Einerseits lässt sich aus den reinen Zahlen der in dieser Arbeit zitierten Studien folgendes Kernzitat herausstellen:

„Allerdings wird man in Zeiten der Notwendigkeit verbesserter Mitarbeiterbindung wegen guter Alternativen auf dem zivilen Arbeitsmarkt befürchten müssen, dass die gut 40% nur ‚teils/teils‘ zufriedener oder ‚eher unzufriedener‘ Untergebener sich – auch wegen des Vorgesetztenverhaltens ihnen gegenüber – vom Arbeitgeber Bundeswehr schnell abwenden können.“[68]

Anderseits hat das Streitkräfteamt der Bundeswehr eine Studie bei freiwillig Wehrdienstleistenden durchgeführt, um den Grund für das Verlassen der Bundeswehr zu ermitteln. Hierbei gaben 86% der Befragten an, dass das Vorgesetztenverhalten *keinen* Einfluss auf ihre Entscheidung gehabt habe.[69] Die Aussagen der Studien – zumindest in Bezug auf die Auswirkungen bei der Mitarbeiterbindung – sind daher ambivalent.

In Bezug auf die zuvor genutzten Faktoren Tätigkeit, Status und Team lässt sich festhalten, dass ein wesentliches

---

[68] Dörfler-Dierken, 2014, S. 40f.
[69] Vgl. Bundesministerium der Verteidigung, 2015, S. 12.

Merkmal der Bestätigung des persönlichen Einflusses auf die Arbeitsergebnisse die Anerkennung dieser Arbeit ist. Lob ist hierbei ein wesentlicher Faktor zum Erreichen von Berufszufriedenheit[70], wobei Lob und Tadel nur bei 45% der bewerteten Vorgesetzten ein häufig genutztes Führungsmittel sind.[71] Gleichzeitig ist die Zufriedenheit mit einem fordernden und abwechslungsreichen Beruf, bei dem die dienstlichen Tätigkeiten auch eigenständig gestaltet werden können, bei im Schnitt 52% ähnlich niedrig ausgeprägt. Eine mit einem motivierenden Auftrag verbundene Tätigkeit erfahren sogar nur 37% der Soldaten.[72]

Inwieweit die Fähigkeit der Vorgesetzten, jeden Mitarbeiter optimal nach seinen Fähigkeiten und Wünschen einzusetzen, dafür verantwortlich ist oder die Tätigkeiten selbst diese Werte erzeugen, lässt sich über die Aussagen der Studien nicht ermitteln. Auch im Rahmen des Führens mit Auftrag sprachen nur 43% der Befragten den Vorgesetzten einen partnerschaftlichen Führungsstil zu.[73] Vorgesetzte innerhalb der Bundeswehr scheinen daher derzeit nicht alle Möglichkeiten auszuschöpfen, um eine hohe Berufszufriedenheit im Rahmen eines attraktiven Arbeitsumfeldes zu erzeugen.

Der Faktor Team wird in der Umsetzung der Führungskonzeption ebenfalls nicht vollumfänglich genutzt.

Nur 53% der Vorgesetzten stehen nach Aussage der Befragten schwierige Situationen gemeinsam mit den Untergebenen durch. Dies lässt Zweifel an einem großen Zugehörigkeitsgefühls innerhalb des Teams oder der bereits zitierten kleinen Kampfgemeinschaft aufkommen. Die Teamgröße selbst erzeugt Schwierigkeiten, eine partnerschaftliche und vertrauensvolle Basis im Team zu erzeugen.

---

[70] Vgl. Eilles-Matthiesen/Zapf, 2000, S. 39.
[71] Vgl. Dörfler-Dierken, 2014, S. 49.
[72] Vgl. Dörfler-Dierken, 2013, S. 165ff.
[73] Vgl. Dörfler-Dierken, 2014, S. 49.

36

Zwischen 5 und 11 Personen sind typischerweise die optimale Größe eines Teams.[74]

Die Teamgrößen der Bundeswehr sind in der Theorie zwar oft nach diesem Prinzip aufgebaut (i.d.R. haben 4 bis 5 Gruppenführer einen Zugführer, 4 bis 5 Zugführer einen Kompaniechef, 4 bis 5 Kompaniechefs einen Bataillonskommandeur), sind aber in der erlebten Realität aufgrund der Struktur oder des Personalmangels oft nicht zu halten oder aufgrund der Aufgabenvielfalt nur schwer zu führen. Dieser Aspekt führt insbesondere zu Problemen innerhalb der Vertrauenskultur der Teams.

8 Handlungsempfehlungen

Handlungsempfehlungen zur Vorschriftenlage

Die Vorschrift der IF ist als Führungskonzeption bewertet worden, die aus wissenschaftlicher Perspektive überaus geeignete Führungsgrundannahmen aufführt. Dennoch konnten einige Punkte identifiziert werden, in denen die Konzeption der IF eine Weiterentwicklung erfahren sollte, um zu einer gelebten Führungskultur der gesamten Bundeswehr zu werden.

Die Vorschrift IF ist derzeit nur für die Soldaten der Bundeswehr verbindlich, der Geschäftsbereich des BMVg oder die zahlreichen zivilen Mitarbeiter sind noch nicht obligatorisch in der Konzeption erfasst. In diesem Rahmen erscheint es sinnvoll, die ZDv A-2600/1 mittelfristig so weiterzuentwickeln, dass sie als Grundlage einer bundeswehrgemeinsamen Führungskultur dienen kann, die sämtliche Mitarbeiter der Bundeswehr und des BMVg bis in die höchsten Ebenen einschließt. Mit einer Ausweitung der Konzeption bis in die politische Ebene könnte die Forde-

---

[74] Vgl. Becker, Stand 18.12.2016.

rung Huntingtons nach gegenseitiger Beratung zwischen Militär und Politik noch besser gewährleistet werden.

„The politician must beware of overcommitting the nation beyond the strength of its military capabilities. [...] It is his function [the function of the military man, Anm. d. A.] to warn the statesman when his purposes are beyond his means."[75] Nur diejenigen Vorgesetzten, die Werte der IF selbst persönlich verkörpern, ermöglichen dem unterstellten Personal die Konzeption vollständig anzunehmen. „Auch die beste Leitbildbroschüre erzielt nicht die gewünschten Effekte, wenn die Kultur des Führens nicht erfahren und vorgelebt wird."[76]

Daraus ergibt sich die Folgerung, die IF auch im BMVg verbindlich einzuführen. Nur wenn Werte und Handlungsweisen der Konzeption in höchsten Ebenen vorgelebt werden, können diese auch im unterstellen Bereich weiter vertreten werden. Wichtig ist hierbei, bewährte Kernaspekte der IF beizubehalten ohne dabei den Eindruck zu vermitteln, dem zivilen oder politischen Bereich die IF zu oktroyieren. Es ist allerdings nötig, mit der notwendigen Ruhe an diese Thematik heranzutreten. Wer sich durch kurzfristige Maßnahmen erhofft, binnen weniger Jahre oder gar Monate eine gemeinsame Führungskultur zu erzeugen, der wird enttäuscht sein. Führungskultur kann nicht angeordnet noch ausschließlich ausgebildet werden. Führungskultur muss durch das Personal erlebt und weitergegeben werden, ein Vorleben dieser auf allen Ebenen könnte den Prozess beschleunigen.[77]

Eine weitere Handlungsempfehlung zur Vorschriftenlage ist die Durchführung zusätzlicher Studien zur Führungskultur in der Bundeswehr. Wie sehen die zivile, die militärische und die politische Führungskultur aktuell aus? Wie sollte

---

[75] Huntington, 1957, S. 68f.
[76] Vgl. Weigt, 2014, S. 249.
[77] Vgl. Jermer, 2001, S. 34.

die Führungskultur der Bundeswehr aus Sicht der Mitarbeiter aussehen? Bevor eine gemeinsame Konzeption erarbeitet wird, sollten diese Fragen durch Studien zur Führungskultur in der Bundeswehr beantwortet werden. Siegfried Hoenle hat unter diesem Blickwinkel 1996 eine Studie zur Führungskultur in der Schweizer Armee durchgeführt und dabei verschiedene, implizit vorhandene Führungsgrundannahmen der gelebten Führungskultur der Schweizer Armee erforscht. Er hat dazu empirische Erhebungen zur Vorgesetztenidentität, zum Führungsprozess und zu Führungsbedingungen durchgeführt, die einen Einblick in die für die Betroffenen ideale Führungskultur innerhalb der Schweizer Armee ermöglichen.

Innerhalb der Bundeswehr sollte ebenfalls validiert werden, dass nicht nur das Getane richtig gemacht wird, sondern auch das Richtige getan wird. Durch die Ermittlung eines empirisch belegten *Ist-Zustandes* der Führungskultur können aktuelle Probleme aufgedeckt werden, wohingegen durch die empirische Ermittlung eines *Soll-Zustandes* ein von einer breiten Masse getragenes Idealbild erzeugt wird. Nur so kann letztlich sichergestellt werden, dass Konzeption und Idealbild der Mitarbeiter wirklich übereinstimmen, der Dialog über eine Führungskultur geführt wird und eine Auseinandersetzung mit der Thematik erfolgt.

Handlungsempfehlungen zur erlebten Realität
Nachfolgende Maßnahmen sind in ihren Grundzügen bereits konzeptionell in der IF thematisiert, werden aber aus verschiedenen und teils unbekannten Gründen im realen Führungsverhalten so nicht umgesetzt. Eine Verbesserung oder Anwendung dieser Aspekte könnte sich positiv auf die Berufsattraktivität und -zufriedenheit auswirken.

Die Null-Fehler-Mentalität oder das Absicherungsdenken erzeugen in alltäglichen Führungssituationen immer wieder Probleme zwischen Mitarbeitern und Vorgesetzten. Dies wurde bereits durch die Bundesministerin der Verteidigung angemerkt: Wenn die Fehlerkultur nicht verbessert wird, „dann werden wir zurückfallen in eine Haltung, dass Fehler möglichst vertuscht werden. Dass Risiken möglichst nicht frühzeitig angezeigt werden in der Hoffnung, dass sie von selber vergehen."[78] Diese Haltung begründet sich darin, dass bei der derzeit herrschenden Fehlerkultur der Bundeswehr primär die Schuldfrage geklärt wird und erst in einem weiteren Schritt versucht wird, den Schaden zu begrenzen und Fehler zukünftig zu vermeiden. Diese Fehlerkultur muss in allen Führungsetagen der Bundeswehr gelebt werden, was derzeit in Teilen nicht der Fall zu sein scheint.[79]

Ein fiktives Beispiel: Entscheidet ein Kommandant, dass er mit dem derzeitigen Ausbildungsstand seiner Besatzung nicht in den Einsatz gehen kann, so darf die Folge nicht sein, dass dieser Kommandant seines Postens enthoben wird und ein weiterer Offizier gefunden wird, der diese Aufgabe unter den gegebenen Umständen durchführt. Der korrekte Umgang im Rahmen einer Fehlerkultur ist dann, die Entscheidung des Kommandanten – der diese Entscheidung sicherlich nicht leichtsinnig getroffen hat – zu respektieren und danach zu suchen, wie solche Situationen in Zukunft durch Ausbildung, Zeitlinien etc. vermieden werden können. Grundvoraussetzung hierfür ist aber, dass weder der Kommandant, noch sein Kommandeur, noch dessen Inspekteur deshalb die Befürchtung haben muss, seines Amtes enthoben zu werden (sofern keine Fährlässigkeit in seinem Führungshandeln vorliegt). „Wir hatten in

---

[78] von der Leyen, Stand 15.03.2016.
[79] Vgl. NDR Info, Stand 15.03.2016.

den letzten Jahren eine Kultur, dass all diejenigen, die Bedenken geäußert haben und Rat gegeben haben, eher als Störenfriede verstanden wurden."[80] Vorgesetzte dürfen keine Angst im Rahmen ihres Führungshandelns haben, bei dem sie um den Verlust ihrer Position, ihres Status´ oder ihrer Macht fürchten müssen.[81]

Lösungsmöglichkeiten für diese Art von Problemen gibt es viele, die derzeit teils noch an bürokratischen Hürden scheitern. Als eine Möglichkeit sei hier nur das Fehlermeldesystem der Firma Lufthansa genannt. Piloten haben hier *anonym* – und das scheint hier der Schlüssel zum Erfolg zu sein – die Möglichkeit, Fehler im System, selbst gemachte Fehler oder Fehler von Kollegen zu melden. Diese Fehler werden dann analysiert und ohne Maßregelung des beteiligten Personals (wiederum sofern keine grobe Fahrlässigkeit oder Vorsatz vorherrschen) entsprechende Lösungen erarbeitet, um diese Art von Fehlern zukünftig zu vermeiden. Erste Ansätze dieses Systems sind im fliegenden Bereich der Bundeswehr eingeführt, scheinen aus derzeit ungeklärten Ursachen aber nicht den gleichen Zuspruch zu erfahren.[82]

Vertrauenskultur leben

Die gerade erläuterte Forderung nach einer verbesserten Fehlerkultur und größerer Verantwortungsfreude bei den Vorgesetzten geht einher mit der Verbesserung einer Vertrauenskultur. Der Vorgesetzte ist nur dazu in der Lage, Fehler zu akzeptieren und bewertete Risiken einzugehen, wenn zwischen ihm und dem unterstellten Personal eine Kultur des Vertrauens vorherrscht. „Entscheidend für den Erfolg einer Organisation ist zum einen die Auswahl der

---

[80] Arnold, Stand 15.03.2016.
[81] Vgl. Meyer, 1999, S. 23.
[82] Vgl. Müller, 2003, S. 45.

Führungskräfte, zum anderen die Einrichtung einer Kultur des Vertrauens und der Offenheit in der Organisation."[83]

Um diese auf beiden Seiten zu erzeugen ist offene Kommunikation und eine gute Informationspolitik vorteilhaft. Dies gilt natürlich für beide Richtungen des Führungsprozesses. Zum einen sollte der Vorgesetzte stets darauf bedacht sein, sein Personal mit allen notwendigen Informationen zu versorgen. In kritischen Situationen kann dies einerseits dazu führen, dass Personal Führungsentscheidungen nicht hinterfragt, da die Hintergründe der Entscheidung bekannt sind, andererseits die Synergie des Teams genutzt wird und alle Beteiligten ihre Kräfte gebündelt in eine Richtung nutzen. Zum anderen sollte natürlich auch der Vorgesetzte jederzeit über Erkenntnisse oder Probleme des unterstellten Bereichs informiert sein, da er nur so entsprechend agieren kann, um Probleme zu lösen. Partizipation ist der Schlüssel zum Vertrauen.

Entscheidungen sollten wo immer möglich durch alle Ebenen hinweg verständlich begründet werden, um dem Vertrauen in den jeweiligen Vorgesetzten nicht zu schaden. Die bereits angesprochene Teamgröße ist für die Entwicklung einer Vertrauenskultur ebenfalls entscheidend. Sind die Führungsgruppen der jeweiligen Ebene auf 5 bis 11 Personen beschränkt, ist es wesentlich leichter ein Vertrauensverhältnis auszubauen. Nur durch dieses Vertrauensverhältnis kann das bemängelte Mikromanagement eingedämmt werden.

Auslandseinsätze sollten ebenfalls nur in gewachsenen Teams durchgeführt werden.[84] Einerseits wird so das Vertrauen aus dem Inland mit in den Auslandseinsatz gebracht, so dass zeitnah optimal operiert werden kann. Andererseits schweißt dieser Auslandseinsatz diese Kampfgemeinschaft unweigerlich noch stärker zusammen, was dann wiederum

---

[83] Volk, 2010, S. 5.
[84] Vgl. Weigt, 2014, S. 255ff.

42

positive Auswirkungen auf den Dienst im Inland haben wird; ein weiterer Faktor, der durch die IF bereits explizit in der Vorschrift gefordert ist.

Wichtigster Aspekt für eine Vertrauenskultur ist die Zeit. Vorgesetzte und Untergebene benötigen Zeit, um sich kennenzulernen, Vertrauen aufzubauen und miteinander zu arbeiten.[85] Zwingende Forderung in diesem Zusammenhang ist damit die Einhaltung der Mindeststehzeiten in Führungsverwendungen von drei Jahren. Gleichzeitig muss den Vorgesetzten die Zeit gegeben werden, ihre Führungsaufgaben wahrzunehmen – Stichwort Führung vs. Management. Hierzu sollte dringend erhoben werden, welche administrativen Lasten insbesondere die Disziplinarvorgesetzten tragen und wie man diese Belastungen zugunsten eines guten Führungsverhaltens verringern kann.

Führungskompetenz erhöhen

Im Rahmen der Agenda Attraktivität wird explizit eine Forderung danach gestellt, gute Führung zu gestalten.[86] Das Problem ist also bereits erkannt. Offiziere und Unteroffiziere mit Portepee sollten frühzeitig in Führungsverwendungen eingebunden werden, um Führung zu erleben und sich selbst in weniger bedeutenden Führungspositionen probieren zu können.

Dies böte den jungen Führungskräften die Möglichkeit, mit dem auf Lehrgängen frisch erlernten Wissen zur IF erste Anpassungen an ihren eigenen Gebrauchstheorien von Führung vorzunehmen, um den organisatorischen Führungsgrundannahmen gerecht werden zu können. Mit der späten Übernahme von Führungsverantwortung und der bereits durch höhere Dienstgrade gefestigten militärischen Identität erscheint eine Anpassung der Gebrauchstheorien

---

⁸⁵ Vgl. Pöggeler, 1980, S. 209.
⁸⁶ Vgl. BMVg Presse- und Informationsstab, Stand 03.05.2016.

derzeit unwesentlich schwerer. Eine Möglichkeit wäre es, in den Offiziersschulen ein *Corps of Cadets*[87] nach amerikanischem Vorbild zu implementieren.

Hierbei wird neben der offiziellen Struktur der Offiziersschule eine parallele Kadettenstruktur erschaffen, in der die Kadetten Aufgaben vom Zugführer bis hin zum Brigadekommandeur übernehmen, um die Führung der Kadetten (unter Aufsicht) selbst zu steuern. Dies würde den jungen Führungskräften die Möglichkeit geben, im Rahmen von praxisorientiertem Training ihre Führungsfähigkeiten zu entwickeln, die Führungskultur der Bundeswehr anzunehmen, die IF auch in der Anwendung frühzeitig zu verstehen und Merkmale einer guten Führungskraft anzunehmen.

360° Feedback durchführen

Die 360° Beurteilung ist seit den 1990er Jahren ein Trend, der auch an der Bundeswehr nicht spurlos vorbei gegangen ist. Das Zentrum IF bietet seine Dienste zur Durchführung eines 360° Feedbacks in Einheiten bereits seit einigen Jahren auf Anfrage an. Qualitätssteigerung, Abbau von Spannungen, Verbesserung der Kommunikation, Förderung des Unternehmensimage, Disziplinierung, aber auch Motivationssteigerung der Organisationsmitglieder durch eine Verbesserung der Arbeitszufriedenheit und des Arbeitsklimas sind Vorteile, die dem Verfahren der 360° Beurteilung zugeschrieben werden.[88] Hierzu werden Beurteilungen nicht nur durch Vorgesetzte gegenüber dem unterstellten Personal ausgesprochen, auch das unterstellte Personal und Mitarbeiter derselben Ebene können durch ihre Aussagen Einfluss auf die Beurteilung des Vorgesetzten ausüben.

---

[87] Vgl. United States Military Academy, Stand 19.12.2016, Chapter 13.
[88] Vgl. Neuberger, 2000, S. 14f.

Welchen Vorteil böte dieses Prinzip im Rahmen einer Führungskultur? Das United States Marine Corps versprach sich bei der Einführung dieses Instruments eine Stärkung der Qualität der Kohäsion und damit des Zugehörigkeitsmotivs in ihren Einheiten, eine verbesserte Führungskräfteauswahl, größeres Vertrauen in die Leistung der militärischen Führung und eine höhere Leistungsmotivation in Bezug auf die Organisationsziele.[89]

Zum einen erfahren die Führungskräfte direkt durch die Geführten, was an ihren Gebrauchstheorien von Führung evtl. nicht mit den Führungsgrundannahmen der Organisation zusammenpasst, zum anderen sind durch dieses Instrument der Partizipation große Auswirkungen auf die Motivation der Mitarbeiter im Rahmen des Zugehörigkeits- und Machtmotivs zu erwarten. Eine Weiterentwicklung des Beurteilungssystems der Bundeswehr, dass eine solche 360° Beurteilung implementiert, wäre für die Organisations- und Führungskräfteentwicklung durchaus wünschenswert.

9 Fazit

„Die Bundeswehr wird nur dann Akzeptanz und Attraktivität entwickeln, wenn es ihr in den nächsten Jahren noch deutlicher gelingt, eine gemeinsame, verbindliche Führungskultur für die Gesamtheit ihrer Angehörigen zu etablieren und glaubwürdig zu praktizieren."[90]

Die IF wird in verschiedenen Quellen als Führungskultur der Bundeswehr betitelt, gleichzeitig wird ebenso häufig der Begriff der Führungskonzeption genutzt. Kennzeichen einer Führungskultur sind zum einen individuelle Gebrauchstheorien von Führung, zum anderen organisationale Führungsgrundannahmen. Nur wenn individuelle Gebrauchstheorien der Vorgesetzten und organisationale Führungsgrundannahmen überwiegend gleich sind, kann eine

---

[89] Vgl. Niedziocha, 2014, S. 47ff.
[90] Bundesministerium der Verteidigung, 2015, S. 3.

Führungskonzeption als Führungskultur bezeichnet werden.

Die IF liefert mit ihrer Vorschrift Führungsgrundannahmen, die aus wissenschaftlicher Sicht gut geeignet sind, in einer Führungskultur verwendet zu werden. Gleichzeitig zeigen die Studie „Innere Führung in Zahlen" und die Berichte des Wehrbeauftragten Mängel im Führungsverhalten der Vorgesetzten der Bundeswehr. Aufgrund dieser Diskrepanz kann die IF derzeit nicht als Führungskultur der Bundeswehr bewertet werden.

Dies hat direkte Auswirkungen auf die Attraktivität und die Berufszufriedenheit beim bestehenden Personal der Bundeswehr. Um positive Effekte zu verstärken und negative Effekte abzumildern wird empfohlen, die IF zu einer bundeswehrgemeinsamen Führungskultur des zivilen, militärischen und politischen Bereichs weiterzuentwickeln, die Fehlerkultur in der Bundeswehr zu verbessern, die Grundlage für eine Vertrauenskultur zu ermöglichen und die Führungskompetenz der Vorgesetzten zu erhöhen.

"Die Konzeption Innere Führung scheitert nicht,
es scheitern immer die Menschen mit ihren
Unzulänglichkeiten und Fehlern."[91]
Generalmajor Hans-Christian Beck

---

91 Beck, 2016, S. 39.

Literaturverzeichnis

Arnold, Rainer: O-Ton in NDR Info: Streitkräfte und Strategien. Sendemanuskript vom 14.03.2016. http://goo.gl/i4tRsP, zugegriffen am 15.03.2016.

Baudissin, Graf von, Wolf: Soldat für den Frieden. R. Piper. München (1969).

Beck, Hans-Christian: Warum benötigt die Bundeswehr eine Führungskultur und ein soldatisches Leitbild: In: **Bach**, Alois / **Sauer**, Walter: Schützen. Retten. Kämpfen. Dienen für Deutschland. Miles Verlag. Berlin (2016).

Becker, Florian: Optimale Größe von Teams. Wirtschaftspsychologische Gesellschaft. München. https://goo.gl/hLWoJx, zugegriffen am 18.12.2016.

BMVg Presse- und Informationsstab: Die Bundeswehr geht in die Attraktivitätsoffensive. http://goo.gl/sDRvlT, zugegriffen am 02.05.2016.

BMVg Presse- und Informationsstab: Gute Führung gestalten. http://goo.gl/HnLBYD, zugegriffen am 03.05.2016.

Bohnert, Marcel/Reitstetter, Lukas (Hrsg.): Armee im Aufbruch. Zur Gedankenwelt junger Offiziere in den Kampftruppen der Bundeswehr. Carola Hartmann Miles-Verlag. Berlin (2014).

Bundesministerium der Verteidigung: A-2600/1. Zentrale Dienstvorschrift. Innere Führung. Berlin (2008).

Bundesministerium der Verteidigung: Personalstrategie Bundeswehr. Abschließender Sachstandsbericht zum Untersuchungsauftrag Thema Nr. 13: Führungskultur. Berlin (2015).

Bundesministerium der Verteidigung: Personalstrategie der Bundeswehr. https://bw2.link/I6zeB, zugegriffen am 11.12.2016.

Bundesministerium für Verteidigung (Hrsg.): Handbuch Innere Führung. Hilfen zur Klärung der Begriffe. Bonn (1957).

Buschmann, Klaus: Motivation und Menschenführung bei Carls von Clausewitz. In: Schriftenreihe Innere Führung. BMVg. Bonn (3,1980).

Clausewitz, Carl von: Kleine Schriften von Carl von Clausewitz – Brief vom 23.04.1809. https://goo.gl/a9wDwD, zugegriffen am 17.12.2016.

Dörfler-Dierken, Angelika: Innere Führung als Führungskultur der Bundeswehr. In: **Hartmann**, Uwe / **Rosen**, Claus von / **Walther**, Christian (Hrsg.): Jahrbuch Innere Führung 2011. Ethik als geistige Rüstung für Soldaten. Miles Verlag. Berlin (2011), S. 101-113.

Dörfler-Dierken, Angelika: Führung in der Bundeswehr. Soldatische Selbstverständnis und Führungskultur nach der ZDv 10/1 Innere Führung. Miles Verlag, Berlin (2013).

Dörfler-Dierken, Angelika / **Kramer**, Robert: Innere Führung in Zahlen. Streitkräftebefragung 2013. Carola Hartmann Miles Verlag. Berlin (2014).

Eilles-Matthiesen, Claudia / **Zapf**, Dieter : Führungskultur verträgt kein sozial inkompetentes Vorgesetztenverhalten. In: **Deutsche Gesellschaft für Personalführung**: Personalführung, Düsseldorf (12, 2000).

Fröhling, Hans-Günter: Die Sicherheit Deutschlands wird auch am Hindukusch verteidigt! – Brauchen wir eine neue Innere Führung? In: Bald, Detlef / et al.: Zurückgestutzt, sinnentleert, unverstanden: Die Innere Führung der Bundeswehr. Nomos. Baden Baden (2008).

Fröhling, Hans-Günter: Innere Führung und Multinationalität als Herausforderung für die Bundeswehr und die Streitkräfte ausgewählter NATO-Partner. http://d-nb.info/975393669/34, zugegriffen am 20.06.2016.

Geppert, Dominik: Die Bundeswehr in der Geschichtsschreibung der Bundesrepublik. In: Möllers, Heiner / Schlaffer, Rudolf: Sonderfall Bundeswehr? Streitkräfte im nationalen Perspektiven und im internationalen Vergleich. De Gruyter. Oldenburg (2014).

Götz, Klaus: Führungskultur. Die organisationale Perspektive. Rainer Hampp Verlag. München (1999).

Groß, Jürgen: „Innere Führung" – was ist das eigentlich? In: **Bald, Detlef et al.**: Zurückgestutzt, sinnentleert, unverstanden: Die Innere Führung der Bundeswehr. Nomos. Baden Baden (2008).

Hersey, Paul/Blanchard, Key: Management of Organizational Behavior – Utilizing Human Resources. 3. Aufl. Prentice Hall. New Jersey (1977).

Hoenle, Siegfried: Führungskultur in der Schweizer Armee. Huber Verlag. Frauenfeld (1996).

Hübl, Philipp: Grundwissen Ludwig Wittgenstein. https://goo.gl/FSC4q5, zugegriffen am 10.12.2016.

Huntington, Samuel: The Soldier and the State. The Theory and Politics of Cicil-Military Relations. The Belknap Press of Harvard University Press. Cambridge (1957).

Jermer, Helmut: Innere Führung auf den Punkt gebracht. Gedanken zu Wesen und Wirkung der Führungskultur der Bundeswehr. In: Hoffmann, Oskar / Prüfert, Andreas: Innere Führung 2000. Nomos Verlag. Baden-Baden (2001).

Karst, Heinz: Soldat im Ghetto? Bedenken über die innenpolitische Entwicklung der Vorbereitungen für den Aufbau der Streitkräfte. In: **Hornung, Klaus** (Hrsg.): Im Dienst am Vaterland. Beiträge aus vier Jahrzehnten. Busse Seewald. Hamburg (1994).

Kogel, Bernd: Erfolgsorientiertes Motivationsmanagement. Mitarbeitermotivation als Grundbedingung für Führungserfolg. Tectum Verlag. Marburg (2008).

Kotter, John: Leadership lässt sicher lernen. In: Harvard Businessmanager. Manager Magazin Verlagsgesellschaft. Hamburg (1, 1991).

McClelland, David: Human Motivation. Cambridge University Press. Cambridge (1987).

Meyer, Anna: Mitarbeiterführung im Alltag - Ein Spiel mit der Angst. In: **Deutsche Gesellschaft für Personalführung:** Personalführung. Düsseldorf (2, 1999), S. 22-26.

Müller, Uwe: Verbandskultur. In: Flugsicherheit: Fachliche Mitteilungen für fliegende Verbände der Bundeswehr. Bonn (2, 2003), S. 42-47.

NDR Info: Streitkräfte und Strategien. Sendemanuskript vom 14.03.2016. http://goo.gl/i4tRsP, zugegriffen am 15.03.2016.

Neuberger, Oswald: Das 360° Feedback. Alles fragen? Alles sehen? Alles sagen? Rainer Hamp Verlag. München (2000).

Niedziocha, Chris: Multirater assessment and the Marine Corps: looking at options to improve our evaluation system. In: Marine corps gazette: professional journal of the U.S. Marines. Quantico (98, 9, 2014).

Pöggeler, Franz: Menschenführung in der Bundeswehr. Ausbildung der Vorgesetzten in der Bundeswehr auf dem Gebiet der Menschenführung. In: Schriftenreihe Innere Führung. Bonn (1980).

Rheinberg, Falko/Vollmeyer, Regina: Motivation. 8. Aufl., Kohlhammer. Stuttgart (2012).

Ruffa, Chiara/Dandeker, Chrostopher / Vennesson, Pascal: Soldiers drawn into politics? The influence of tactics in civil-military relations. In: Small Wars & Insurgencies. 24, Taylor and Francis. Milton Park (2013), S. 322-324.

Schall, Wolfgang: Führungstechnik und Führungskunst in Armee und Wirtschaft. Verlag für Wissenschaft und Technik. Bad Harzburg (1965).

Schmitz, Heribert: Raus aus der Demotivationsfalle. Wie verantwortungsbewusstes Management Vertrauen, Leistung und Innovation fördert. Gabler. Wiesbaden (2005).

Schneiderhahn, Wolfgang: Das Fundament trägt. Zur Führungskultur in den Streitkräften. In: Zeitschrift für Innere Führung. (1, 2008).

Tannenbaum, Robert/Schmidt, Warren: How to choose a leadership pattern. In: Harvard Business Review. Harvard (1973). https://goo.gl/5Xchqx, zugegriffen am 17.12.2016.

Tomforde, Maren: Einsatzkultur und die Deutung von Gewalt beim Militär. In: **Salzborn, Samuel/Zapf, Holger:** Krieg und Frieden. Kulturelle Deutungsmuster. Peter Lang Verlag. München (2015), S. 109-136.

United States Military Academy: United States Cadet Corps Standard Operating Procedures.
https://goo.gl/kVjApB, zugegriffen am 19.12.2016.

Volk, Hartmut: Charisma – Anatomie einer janusköpfigen Eigenschaft. In: Bundeswehrverwaltung. Fachzeitschrift für Administration. Hürth (54, 1, 2010).

von der Leyen, Ursula: O-Ton in NDR Info: Streitkräfte und Strategien. Sendemanuskript vom 14.03.2016. http://goo.gl/i4tRsP, zugegriffen am 15.03.2016.

von Fournier, Cay: Der perfekte Chef. Führung, Mitarbeiterauswahl, Motivation für den Mittelstand. Campus Verlag. Frankfurt (2012).

Wehrbeauftragter des Deutschen Bundestages: Unterrichtung durch den Wehrbeauftragten. Jahresbericht 2008. https://goo.gl/IGkux8, zugegriffen am 13.12.2016.

Wehrbeauftragter des Deutschen Bundestages: Unterrichtung durch den Wehrbeauftragten. Jahresbericht 2009. https://goo.gl/YyygDY, zugegriffen am 13.12.2016.

Wehrbeauftragter des Deutschen Bundestages: Unterrichtung durch den Wehrbeauftragten. Jahresbericht 2011. https://goo.gl/1vsrZg, zugegriffen am 13.12.2016.

Wehrbeauftragter des Deutschen Bundestages: Unterrichtung durch den Wehrbeauftragten. Jahresbericht 2015. http://goo.gl/eh21yz, zugegriffen am 20.06.2016.

Weigt, Jürgen: Führungskultur und soldatisches Ethos der Bundeswehr im Einsatz. In: Bohrmann, Thomas/Lather, Karl-Heinz /Lohmann, Friedrich (Hrsg.): Handbuch Militärische Berufsethik. Band 2: Anwendungsfelder. Springer. Berlin (2014).

Wulf, Friedrich: Seelenführung. In: Lexikon für Theologie und Kirche, 9, 2. Aufl. Herder Verlag. Freiburg (1964).

Zemp, Beat: Empfehlungen zur Verbesserung der Berufsattraktivität. http://goo.gl/kODlC3, zugegriffen am 03.10.2016.

Zimbardo, Philip/Gerrig, Richard: Psychologie. 16. Aufl., Pearson Studium. München (2004).

Christian Bauer

Akzeptanz oder Ablehnung?
Zum Meinungsbild der christlichen Kirchen zur Sicherheitspolitik und Bundeswehr

1 Zur Relevanz der öffentlichen Meinung

Die Verankerung von Institutionen in die Gesellschaft ist ein Indikator für die Funktionsfähigkeit einer Demokratie. Grundsätzlich, und dies gilt für alle Institutionen gleichermaßen, braucht jedes Gemeinwesen ein Mindestmaß an Unterstützung durch seine Mitglieder. Oscar Gabriel stellt in diesem Zusammenhang fest, dass gerade in Demokratien, in denen die Legitimität der politischen Institutionen von der Zustimmung der Staatsbürger abhängt, weit verbreitete und dauerhafte Zweifel an der Institution mit der Idee der Demokratie unvereinbar sind. Festgestellte Akzeptanzdefizite gegenüber Institutionen könnten demnach als Hinweis nachlassender Unterstützung des politischen Systems und als Gefährdung der Entwicklung der zukünftigen Demokratie gedeutet werden.[1]

Mit Blick auf die Streitkräfte ist die Frage nach der Einbindung dieser in die Gesellschaft ein Dauerthema der Militärsoziologie. Heiko Biehl und Gerhard Kümmel haben zahlreiche Studien zu den zivil-militärischen Beziehungen analysiert und dabei drei Betrachtungsebenen herausgearbeitet, die auch für das Ergebnis dieser Arbeit relevant sind. Sie unterscheiden erstens die Haltung der Bevölkerung zur Sicherheitspolitik sowie zu militärischen Aufgaben und Einsätzen, die zweite Betrachtungsebene fokussiert die Einstellung der Bevölkerung zu den Streitkräften als Institution während es bei der dritten Ebene um die Unterstützung für das Militär und das soziale Ansehen des Soldaten geht.[2] Demnach sind also Akzeptanz und Vertrauen nicht

---

[1] Vgl. Gabriel, Oscar W. (1993): Institutionenvertrauen im vereinigten Deutschland. In: Aus Politik und Zeitgeschichte, Beilage zur Wochenzeitung Das Parlament, Band 43/93, Bonn 1993, S. 3.

[2] Vgl. Biehl, Heiko/Kümmel, Gerhard (2015): Gradmesser der zivil-militärischen Beziehungen. Der Beitrag von Umfragen und Einstellungsforschung. In Biehl, Heiko/Schoen, Harald (Hrsg.): Sicherheitspolitik und Streitkräfte im Urteil der Bürger, Wiesbaden 2015, S. 25.

nur für die Aufrechterhaltung der Demokratie und zur Legitimation der Streitkräfte essentiell, wie es Oscar Gabriel beschrieben hat, sondern auch und insbesondere für die Institution selbst und deren Angehörige.

Die Bundeswehr ist seit nunmehr 25 Jahren eine „Parlamentsarmee im Einsatz"[3]. In jüngster Zeit nimmt die Anzahl der Einsätze und Missionen weiter zu. Dabei ist die Bundeswehr aus zwei Gründen auf die Unterstützung der der Bevölkerung angewiesen. Zum einen ist es in westlichen Demokratien immer schwierig, Militäreinsätze gegen den Willen der Bevölkerungsmehrheit durchzuführen, da die politisch Verantwortlichen bei der Abstimmung für oder gegen einen Bundeswehreinsatz auch immer den Willen des Wählers im Blick haben müssen. Zum anderen, und hier befinden wir uns auf der dritten Betrachtungsebene, wollen und müssen sich die Soldatinnen und Soldaten insbesondere im Einsatz von einer breiten Basis der Bevölkerung getragen und gestützt sehen.[4] Sie möchten bei ihren militärischen Missionen ihre Familie, ihre Freunde und Bekannte hinter sich wissen und erwarten daher auch eine positive Resonanz in der Bevölkerung und in den Medien.[5]

In Deutschland prägten in diesem Zusammenhang der Befund des Alt-Bundespräsidenten Horst Köhler, der das Verhältnis zwischen Bundeswehr und Gesellschaft als „freundlich-desinteressiert" bezeichnete sowie die Kritik des damaligen Verteidigungsministers Thomas de Maizière, der die soldatische „Gier nach Anerkennung" kritisierte und mehr professionelles Selbstvertrauen einforderte, die Diskussionen zu diesem Thema. Ungeachtet der unter-

---

[3] Vgl. Weißbuch 2016, Zur Sicherheitspolitik und Zukunft der Bundeswehr. Hrsg.: Bundesministerium der Verteidigung, Stand Juni 2016, S. 108.

[4] Vgl. ebenda, S. 109.

[5] Vgl. Biehl, Heiko (2005): Das Meinungsbild der Bevölkerung zu den Aufgaben und Einsätzen der Bundeswehr, AIK Datenreport 01/2005, Strausberg 2005, S. 3.

schiedlichen Auffassungen zu dieser Thematik, zeigt diese Debatte sehr deutlich, dass die Soldatinnen und Soldaten von der Bevölkerung Aufmerksamkeit und Unterstützung erwarten.[6]

Darüber hinaus haben militärsoziologische Untersuchungen ergeben, dass die Motivation der Soldatinnen und Soldaten gerade in Auslandseinsätzen nicht auf innermilitärischen Faktoren wie Korpsgeist, Kameradschaft oder Vertrauen in Vorgesetzte beruht, sondern der Zuspruch der Bevölkerung Antrieb für soldatisches Engagement ist. Heiko Biehl und Gerhard Kümmel konstatieren, dass sich Soldaten, die in ihren Missionen die Bevölkerung hinter sich wissen, viel stärker mit ihren Aufgaben und Aufträgen identifizieren.[7]

Wie einschlägige Studien schon seit Jahren zeigen, wird der Bundeswehr ein durchweg hohes Ansehen in der Gesellschaft attestiert. Daher soll in dem vorliegenden Beitrag untersucht werden, wie sich die Stimmungs- und Argumentationslage bei denjenigen darstellt, die der Bundeswehr weiterhin kritisch gegenüberstehen. Im Fokus der Untersuchung stehen die beiden christlichen Kirchen, als institutionell etablierte Kräfte, aus deren Bereich es immer wieder Kritik an der Sicherheitspolitik und an der Bundeswehr gibt.

Beide christlichen Kirchen zählen zweifelsohne zu den einflussreichen Akteuren deutscher Politik. Sie sind für viele Menschen eine moralische Autorität. Ulrich Willems verdeutlicht anhand einiger Fakten die herausragende Bedeutung der Kirche als politischer Akteur. Demnach sind die christlichen Kirchen noch vor dem Deutschen Sportbund trotz des kontinuierlichen Mitgliederverlustes in den letzten Jahren die größten organisierten gesellschaftlichen Gruppen in Deutschland. Daneben ist auch die Zahl der ehrenamtlichen Mitarbeiter ausgesprochen hoch. Darüber

---

[6] Vgl. Biehl, Heiko/Kümmel, Gerhard (2015), S. 28.
[7] Vgl. ebenda, S. 28 f.

hinaus sind die christlichen Kirchen einer der größten Anbieter sozialer Dienstleistungen und nach dem öffentlichen Dienst der größte Arbeitgeber in Deutschland.

Des Weiteren beteiligen sie sich intensiv an der politischen Willensbildung und verfügen zudem über eine Reihe von Instrumenten und Kanälen direkter Einflussnahme auf die Politik. Dazu zählen die Verbindungsstellen zwischen Staats und Kirche sowohl auf Landes- als auch auf Bundesebene. Hinzu kommt, dass nach wie vor ein Großteil der politischen Elite Mitglied in einer der beiden christlichen Kirche ist, und diese ebenfalls als Kanäle kirchlicher Einflussnahme zur Verfügung stehen.[8] Daraus ergibt sich, in Verbindung mit den zahlreichen kirchlichen Verlautbarungen zur Sicherheitspolitik schließlich die große Relevanz des Meinungsbildes der christlichen Kirchen mit Blick auf Sicherheitspolitik und Bundeswehr.

Aufgrund der hohen Relevanz des Meinungsbildes christlicher Kirchen wird in einem ersten Schritt das historisch gewachsene Verhältnis zwischen Bundeswehr und Kirchen beleuchtet, bevor in einem zweiten Schritt Äußerungen, Positionen und Haltungen aus heutigen Schriften und Verlautbarungen die Bundeswehr aber auch die deutsche Sicherheitspolitik betreffend untersucht werden, um so Rückschlüsse auf das derzeitige Verhältnis zwischen Bundeswehr und Kirchen ziehen zu können. Zum Schluss werden die Kernaussagen zum Verhältnis christliche Kirchen und Bundeswehr noch einmal zusammengefasst.

---

[8] Vgl. Willems, Ulrich (2001): Bedingungen, Elemente und Effekte des politischen Handelns der Kirche in der Bundesrepublik Deutschland. In: Zimmer, Annette/Weßels, Bernhard (Hrsg.): Verbände und Demokratie in Deutschland, Wiesbaden 2001, S. 80 f.

2 Kirchen und Bundeswehr

„Du sollst nicht töten" lautet das fünfte der zehn Gebote die Moses von Gott einst auf dem Berg Sinai erhalten haben soll. Das Dilemma, das sich für beide christlichen Kirchen aus diesem ethischen Imperativ ergibt, ist die Frage, wie sich dieses „Grundgesetz" der Kirchen mit dem Soldatenberuf, mit dem Auftrag der Bundeswehr verträgt und wie die katholische und evangelische Kirche mit diesem schwierigen Spagat umgeht. Die christlichen Kirchen, als wichtiger Akteur in sicherheitspolitischen Debatten befassten sich seit dem Ende des Zweiten Weltkrieges intensiv mit sicherheits- und verteidigungspolitischen Herausforderungen, nicht zuletzt auch aufgrund des Versagen von Teilen der katholischen und evangelischen Kirche während der Zeit des Nationalsozialismus'.[9]

„Kriege sollen nach Gottes Willen nicht sein" – so bringt der Ökumenische Rat der Kirchen auf seiner Gründungs-Vollversammlung 1948 eine Einsicht zur Sprache, die sich angesichts der beiden Weltkriege mit ihren dramatischen Folgen ergeben hat.[10] Diese pazifistische Grundhaltung steht im Spannungsverhältnis zu den Erwartungen der Kirchenmitglieder, zu existentiellen Grundfragen des Schutzes und der Freiheit des Friedens Stellung zu beziehen.[11]

Darüber hinaus stellen sich die Fragen: Wie gehen die Kirchen mit den heutigen Herausforderungen der „Neuen Kriege", mit Terrorismus, mit Landesgrenzen überschrei-

---

[9] Vgl. Deutscher Bundestag, Wissenschaftliche Dienste (2009): Eliten Deutschlands und deren Verhältnis zur Bundeswehr – Eine Untersuchung von Intellektuellen, Gewerkschaften und Kirchen, S. 42.
[10] Vgl. Stümke, Volker (2009): Auslandseinsätze und die Sorge für gerechten Frieden: ein Blick in die aktuelle Friedensdenkschrift der Evangelischen Kirche in Deutschland. In: Jaberg, Sabine: Auslandseinsätze der Bundeswehr: sozialwissenschaftliche Analysen, Diagnosen und Perspektiven, Berlin 2009, S. 277.
[11] Vgl. Deutscher Bundestag (2009), S. 42.

tenden Bürgerkriegen und ethnischen Säuberungen um? Wie stehen die Kirchen zu den Auslandeinsätzen der Bundeswehr und zu den Soldaten, die eben zur Bekämpfung jener neuen Herausforderungen eingesetzt werden? Der Verfasser des Aufsatzes »Eliten Deutschlands und deren Verhältnis zur Bundeswehr« konstatiert diesbezüglich eine bis heute andauernde Ambivalenz: Einerseits die massiv, vor allem aus dem christlichen Pazifismus vorgetragene Kritik an der Sicherheits- und Verteidigungspolitik der Bundesregierung und andererseits die aktive kirchliche Unterstützung der Soldaten der Bundeswehr im Rahmen des Militärseelsorgevertrages.[12]

Ziel dieses Kapitels, ist es daher, herauszuarbeiten, wie sich die beiden christlichen Kirchen in ihren Schriften und Verlautbarungen unter dem Druck des aufgezeigten Spannungsverhältnisses von Krieg und Friede und Religion und Militär positionieren.

Schon zur Zeit des alten Kirchenlehrers Augustinus hat sich die christliche Theologie mit der Frage eines gerechten Krieges auseinandergesetzt.[13] Augustinus formulierte in seiner Lehre vom »Gerechten Krieg«, die bis zum Zweiten Weltkrieg Gültigkeit besaß, die Bedingungen, unter denen Krieg geführt werden durfte. Demnach sei ein Krieg u.a. dann gerechtfertigt, wenn er den Frieden wiederherstelle und den Gegner nicht vernichte. Zudem dürfen die Schäden nicht größer werden, als das zu beseitigende Übel.[14]

Nach dem Zweiten Weltkrieg wurde das Konzept des »Gerechten Krieges« unter dem Eindruck des Kalten Krieges und der atomaren Aufrüstung aber zunehmend in Frage gestellt. Sowohl in der katholischen als auch in der evange-

---

[12] Vgl. ebenda, S. 44.

[13] Vgl. Arens, Voh Christoph (2013): Gerechter Krieg – Gerechter Friede, Stand 01.12.2016.

[14] Vgl. Grein-Funk, Eberhard (1988): Soldat und Ethik, St. Ottilien 1988, S. 27.

lischen Kirche wurde sehr kontrovers über die Lehre Augustinus debattiert. Nur unter großen Bedenken wurden die Kriterien des gerechten Krieges in den 1980er Jahren wiederaufgenommen.[15]

Das Ende des Kalten Krieges brachte dann einen Paradigmenwechsel. Der Friede und nicht der Krieg sollte der Leitbegriff sein, an dem sich die politische Ethik und auch die internationale Politik orientieren sollten. Das Hirtenwort der Deutschen Bischöfe »Gerechter Frieden« und die Denkschrift des Rates der Evangelischen Kirche in Deutschland »Aus Gottes Frieden leben – für gerechten Frieden sorgen«, auf die im Folgenden noch genauer eingegangen wird, haben das Leitbild des »Gerechten Friedens« an die Stelle der traditionellen Lehre vom »Gerechten Krieg« gesetzt.[16]

3 Die Haltung der katholischen Kirche

Historischer Rückblick

Die Friedensdiskussion der katholischen Kirche war in den ersten Jahren nach dem Untergang des Dritten Reiches sehr kontrovers, emotional und pazifistisch geprägt.[17] Dennoch wurde die erneute Wiederbewaffnung und die militärische Westintegration von der katholischen Kirche nach anfänglichem Zögern mitgetragen.[18] Eine einheitliche Orientierung zu diesen Fragen ermöglichten u.a. die Verlautbarungen der Bischöfe, die die Haltung und die Lehre des Vatikan und damit des Papstes zur Grundlage hatten.

---

[15] Vgl. Arens (2013) und Deutscher Bundestag (2009), S. 43.

[16] Vgl. Stümke (2009), S. 278.

[17] Vgl. Langhorst, Peter (2001): „Ziel ist ein positiver Friede“: die Diskussion um Sicherheitspolitik und Friedensethik im deutschen Katholizismus nach 1945. In: Militärseelsorge: Zeitschrift des Katholischen Militärbischofsamtes, Bonn 2001, S. 141.

[18] Vgl. ebenda, S. 142.

Schon in seiner Weihnachtsbotschaft von 1948 unterstrich Papst Pius XII. zwar das Verbot eines Angriffskrieges, verdeutlichte aber auch, dass die Verteidigung gegen einen Angriff auf bestimmte Güter des Gemeinwohls sittliche Pflicht sein könne und dass die Solidarität der Völker zur Pflicht hat, den Angegriffenen nicht im Stich zu lassen.[19] In Deutschland vollzog der Kölner Erzbischof Josef Kardinal Frings mit seiner Predigt in St. Gereon in Köln anlässlich des ersten Standortgottesdienstes vor genau 60 Jahren einen Epochenwandel im Verständnis von Soldatentum und Kirche. Frings rief die Bundeswehrangehörigen dazu auf, „der Gemeinschaft zu dienen und zu ermöglichen, dass die Staatsbürger in Ruhe und Sicherheit leben können. Der Soldatenberuf sei kein Selbstzweck, sondern Dienst für andere. Er diene nicht dem Krieg, sondern dem Frieden […] Der Soldatenstand sei edel und friedenbringend."[20]

Wenige Jahre später findet man auch in der Verlautbarung des Zweiten Vatikanischen Konzils »Gaudium et Spes« unter der Leitung von Papst Johannes XXIII. ein deutliches Bekenntnis für den Soldatenberuf:

„Wer als Soldat im Dienst des Vaterlandes steht, betrachte sich als Diener der Sicherheit und der Freiheit der Völker. Indem er diese Aufgabe recht erfüllt, trägt er wahrhaft zur Festigung des Friedens bei."[21]

So wandelte sich nach und nach die ursprüngliche Abneigung gegenüber der deutschen Sicherheitspolitik in den frühen Nachkriegsjahren in eine zustimmende Haltung — jedenfalls bei den offiziellen Vertretern und der Leitung der katholischen Kirche. Allerdings zeigen die Diskussionen

---

[19] Vgl. ebenda.

[20] Seemann, Markus (2016): „Der Soldatenstand ist ein edler Stand." In: Der katholische Militärbischof für die deutsche Bundeswehr (Hrsg.): KOMPASS Soldat in Welt und Kirche, Heft 10/2016, Düsseldorf 2016, S. 20.

[21] II. Vatikanisches Konzil: Gaudium et Spes, Stand 01.12.2016.

um die Ausrüstung der Bundeswehr mit Atomwaffen Ende der 1950er Jahre sowie die Auseinandersetzung um den NATO-Doppelbeschluss von 1979, ein ambivalentes Bild bezüglich der Unterstützung von Streitkräften. Während die Leitung der katholischen Kirche die Sicherheits- und Verteidigungspolitik der Bundesregierung grundsätzlich unterstützte, tritt auf den zahlreichen Katholikentagen die weitestgehend ablehnende Haltung der Basis zu dieser Politik zu Tage.[22]

„Nach Veranstaltungen unter dem Motto ‚Gehorchen und rüsten – Katholische Christen gegen die Atomrüstung‘ oder ‚Kehrt um. Entrüstet euch!‘ kam es in Düsseldorf am 4. September 1982 zu einer Friedensdemonstration, die man als Kontrapunkt zur offiziellen ‚Kirchlichen Friedenskundgebung‘ im Rheinstadion und als Hinweis auf das Vorhandensein eigenständiger Friedenskonzeptionen außerhalb der Bischofskonferenz oder dem ‚Zentralkomitee der deutschen Katholiken‘ als dem Repräsentationsgremium des deutschen Laienkatholizismus betrachtete. Der Demonstrationsaufruf ‚Für Frieden Abrüstung und Gerechtigkeit‘ verlangte einen umfassenden Abrüstungsprozeß und ein atomwaffenfreies Europa sowie die Auflösung der Blockbildung in Ost und West.“[23]

Unter dem Druck dieser jahrelangen Diskussionen und ständigen Aufforderungen der Basis, veröffentlichten die deutschen Bischöfe 1983 das gemeinsame Hirtenwort »Gerechtigkeit schafft Friede«. Die Bischöfe stellten mit ihren Ausführungen klar, dass die Kirchen einen umfassenden Friedensauftrag haben und dass dieser Auftrag von allen Christen verlange, weltweit für Recht und Gerechtigkeit einzutreten.[24] Einen grundlegenden Pazifismus unterstütz-

---

22 Vgl. Langhorst, Peter (2001), S. 144ff.
23 Ebenda, S. 147.
24 Vgl. Die deutschen Bischöfe: Gerechtigkeit schafft Frieden, Wort der deutschen Bischofskonferenz zum Frieden, 18. April 1983, S. 38.

ten die Bischöfe jedoch nicht, da die Unterlassung bestimmter Maßnahmen den Frieden bedrohen könne. Im Hirtenwort heißt es dazu u.a. konkret:

„Dennoch kann die Verteidigung einstweilen auch auf einen militärischen Beitrag nicht verzichten. Letztlich ist er eine Konsequenz aus der Not der Gebrochenheit des Menschen, die die Abwehr des Unrechts erforderlich macht. Militärische Macht als Teil der Sicherheitspolitik widerspricht nicht der aufgestellten Forderung, Konflikte gewaltfrei zu lösen."[25]

Das Hirtenwort »Gerechter Friede«

Im Jahre 2000 erschien ein neues Dokument der deutschen katholischen Bischöfe mit dem Titel »Gerechter Frieden«. Es ist die Fortschreibung der katholischen Friedensethik unter Berücksichtigung der veränderten sicherheitspolitischen Lage nach dem Ost-West-Konflikt, insbesondere die Verarbeitung der Erfahrungen aus den Massenmorden im ehemaligen Jugoslawien und in Ruanda, des II. Golfkrieges sowie der Balkankriege.[26] Vorausgegangen ist dem Hirtenwort eine Stellungnahme Papst Johannes Paul II, der wenige Monate nach dem Kosovokrieg klare Worte fand:

„Wer die Menschenrechte verletzt, beschädigt das Bewusstsein des Menschseins selbst. […] Die Verpflichtung zu Schutz solcher Rechte übersteigt daher die geographischen und politischen Grenzen, innerhalb derer sie verletzt worden sind. Die Verbrechen gegen die Menschlichkeit können nicht als interne Angelegenheiten einer Nation betrachtet werden".[27]

---

[25] Ebenda, S. 50.

[26] Vgl. Marx, Reinhard (2010): Der Beitrag der deutschen Bischöfe zur friedenspolitischen Diskussion in Deutschland. In: Kompass: Soldat in Welt und Kirche, Heft 9/2010, Düsseldorf 2010, S. 6.

[27] Papst Johannes Paul II., Friede den Menschen, die Gott liebt! Botschaft zur Feier des Weltfriedenstages am 1. Januar 2000.

Unter bestimmten Umständen sei es demnach „offensichtlich legitim und sogar geboten, sich mit konkreten Initiativen für die Entwaffnung des Aggressors einzusetzen" und dabei auch in einem begrenzten Rahmen Gewalt anzuwenden.[28]

Das Hirtenwort aus dem Jahr 2000 trägt der Entwicklung der Neuen Kriege, die in erster Linie aus dem Zusammenbruch staatlicher Ordnung und Gewaltmonopole, der Fragmentierung von Gesellschaften und dem gewaltsamen Konflikt über den Zugang zu Ressourcen resultieren Rechnung und setzt durch die Änderung der Sprache Akzente.[29] Die katholische Kirche setzt sich mit dem Begriff »Gerechter Friede« bewusst von der augustinischen Lehre des »Gerechten Krieges« ab, womit deutlich darauf hingewiesen wird, dass Christen zunächst dem Frieden verpflichtet sind.[30] So wird in Kapitel II.2 zunächst der Vorrang für gewaltpräventive Konfliktbearbeitung im Rahmen der Friedens- und Sicherheitspolitik postuliert:

„Unter den veränderten weltpolitischen Bedingungen erweist sich die Suche nach Wegen gewaltvermeidender und gewaltvermindernder Konfliktbearbeitung als vorrangige Verpflichtung"[31]

Dennoch erkennen die Bischöfe unmissverständlich an, dass trotz aller erdenklichen gewaltvorbeugenden Maßnahmen, keine Garantie besteht, dass Konflikte stets gewaltfrei ausgetragen werden können. Das Prinzip der Ge-

---

[28] Vgl. Sturm, Cornelius (2015): Mehr als nur humanitäre Interventionen. Die Responsibility to Protect als Herausforderung für die christliche Sozialethik. In: Bock, Veronika et all (Hrsg.): Christliche Friedensethik vor den Herausforderungen des 21. Jahrhunderts, 1. Auflage, Münster 2015, S. 153.
[29] Vgl. Schmidt, Christian (2010): Kirche und Politik haben einen Friedensauftrag. In: Kompass, Heft 9/2010, S. 9f.
[30] Vgl. Marx, Reinhard (2010), S. 6.
[31] Die Deutschen Bischöfe (2000): Gerechter Frieden, 27. September 2000, 2. Auflage, Bonn 2000, S. 41.

waltfreiheit könne nicht mit der Pflicht konkurrieren, Menschen davor zu schützen, massivem Unrecht und brutaler Gewalt wehrlos ausgeliefert zu sein.[32]

„Nicht selten kann sich die Frage stellen, ob es erlaubt oder sogar geboten ist, sich für die Gegengewalt als das kleinere Übel zu entscheiden."[33]

So wird die Anwendung von Gegengewalt, z.B. bei gravierenden Menschenrechtsverletzungen oder Völkermord als das kleinere Übel legitimiert, wenn zuvor eine intensive und gewissenhafte Güterabwägung stattgefunden hat. Lothar Bendel bemerkt in diesem Zusammenhang, dass demzufolge die pazifistische Vermutung, militärische Gewalt bewirke grundsätzlich mehr Schäden und Übel als gewaltfreie Maßnahmen gegen illegitime Gewalt nicht plausibel scheint. Militärische Gegengewalt in Situationen akuter und massiver Gewaltanwendung sei legitim und sogar moralisch geboten.[34]

Noch deutlicher argumentiert in diesem Zusammenhang auch der katholische Militärbischof für die deutsche Bundeswehr Franz-Josef Overbeck, als er im Rahmen eines Interviews des Deutschlandradio Kultur auf die Legitimation militärischer Gewalt in Bezug auf die Bekämpfung des sog. Islamischen Staates angesprochen wird:

„Hier geht es um eine politische Frage und um das kritische Potenzial des Christentums, das immer zuerst darauf aus ist, mit friedlichen Mitteln Konflikte zu beenden und auch Wege zum Frieden zu finden. Wie wir in diesem, aber auch in manchem anderen Fall sehen, gibt es nicht immer diese Möglichkeit. Und dann entsteht die Frage, wie ist da zu

---

[32] Vgl. ebenda, S. 41.

[33] Ebenda, S. 41.

[34] Vgl. Bendel, Lothar (2003): Soldat und Ethik: Ethische Überlegungen zum erweiterten Auftrag der Streitkräfte. In: Katholisches Militärbischofsamt (Hrsg.): Militärseelsorge 39./40. Jahrgang 2001–2002, Rheinbach 2003, S. 196.

handeln? Da die Menschen ein Recht haben auf Unversehrtheit von Leib und Seele und Geist, und wenn sie nicht selbst imstande sind, für diese Unversehrtheit zu sorgen, gilt nicht nur das Gebot ‚Du sollst nicht töten‘, sondern auch ‚Du sollst nicht töten lassen‘".[35]

Kapitel II.7 des Hirtenwortes von 2000 befasst sich sodann mit militärischen Mitteln und den Streitkräften selbst.[36] Neben den zentralen Forderungen der Bischöfe nach Abrüstung und Rüstungskontrolle, Nichtverbreitung von Kernwaffen, Eindämmung des weltweiten Waffenhandels, Reduzierung der Streitkräfteumfänge auf das minimal notwendige Maß, wird auch Stellung zu bewaffneten Interventionen genommen.

Die Bischöfe führen hierzu aus, dass bewaffnete Interventionen gerechtfertigt sein können, um Menschen vor fremder Willkür und Gewalt zu schützen.[37] Allerdings muss dabei nach Überzeugung der Bischöfe ein strenger Maßstab angelegt werden und bestimmte Kriterien wie beispielsweise Gewalt als ultima ratio, vorhandenes VN-Mandat, gegebene Verhältnismäßigkeit und erkennbare Zielerreichungschancen erfüllt sein.[38] Was die Bischöfe konkret unter dem Begriff »ultima ratio« verstehen, geht aus dem Hirtenwort nicht eindeutig hervor. Gewalt als letztes bzw. als äußerstes Mittel bedeutet nicht zwangsläufig das auf der Zeitachse letzte Mittel. Schmidt bemerkt in diesem Zusammenhang, dass Konflikte insbesondere auf dem afrikanischen Kontinent gezeigt haben, dass zivile Mittel in einer ersten Stufe eines Konfliktes oftmals nicht ausreichen und daher die

---

[35] Overbeck, Franz-Josef (2014): „Du sollst nicht töten lassen", Stand 10.12.2016.
[36] Vgl. Die Deutschen Bischöfe (2000), Kapitel II.7.
[37] Vgl. ebenda, S. 83.
[38] Vgl. ebenda, S. 84ff.

Anwendung Gewalt auch präventiv im Sinne einer Verhinderung von Gewalteskalation wirken kann.[39]

Nicht nur der Einsatz militärischer Mittel, sondern auch der Soldat als Individuum wird im Hirtenwort betrachtet. Die Bischöfe beziehen sich hier auf das in dieser Arbeit bereits angeführte Zweite Vatikanische Konzil:

„Diejenigen, die sich verantwortlich für diesen Dienst entscheiden und damit ihren Auftrag zur Sicherung des Friedens, insbesondere zur Kriegsverhinderung, erfüllen wollen, haben Anspruch auf Achtung und Solidarität."[40]

Insgesamt wird sich in sehr fürsorglicher und anerkennender Weise über die Menschen geäußert, die ihren Dienst in den Streitkräften verrichten. Damit verbunden ist ein expliziter Dank an alle Soldaten für das Engagement, „das sie nicht nur zu Zeiten der Spaltung Europas, sondern auch angesichts der großen Herausforderungen in den zurückliegenden zehn Jahren erbracht haben."[41]

Insgesamt fällt bei dieser grundlegenden Verlautbarung der katholischen Kirche deutlich auf, dass sich die Bischöfe erwartungsgemäß sehr kritisch mit der Anwendung militärischer Gewalt auseinandersetzen, diese aber nicht grundsätzlich ausschließen. Darüber hinaus erfahren die Bundeswehr und die Soldaten, die in ihr dienen höchste Wertschätzung. Marx weist in diesem Zusammenhang darauf hin, dass auch Fragen, die in der öffentlichen Diskussion auf weniger Interesse stießen, wie beispielsweise die Innere Führung, die vor dem Hintergrund der Neustrukturierung und der wachsenden Bedeutung internationaler Einsätze vor großen Herausforderungen stünde, im Hirtenwort thematisiert werden.[42]

---

[39] Vgl. Schmidt (2010), S. 10.
[40] Die Deutschen Bischöfe (2000), S. 78.
[41] Ebenda, S. 78.
[42] Vgl. Marx (2010), S. 8.

Zu den Einsätzen der Bundeswehr

Mit der Erklärung »Soldaten als Diener des Friedens«[43] haben die Bischöfe ihre Überlegungen zu den oben genannten Themenkomplexen, auch unter dem Eindruck des Afghanistaneinsatzes vertieft. Der Schwerpunkt liegt hier bei der Inneren Führung, die nach Meinung der Bischöfe auf Grund der veränderten friedens- und sicherheitspolitischen Situation eine der unverzichtbaren Grundlagen der Bundeswehr sei. Die Orientierung an den Grundsätzen der Inneren Führung und ihre „lebendige Weiterentwicklung" seien eine der entscheidenden Voraussetzungen für die friedenethische Legitimität der Streitkräfte.[44] Auch in dieser Verlautbarung, die, wie der Titel schon vermuten lässt, auf die Grundzüge von »Gaudium et spes« und von »Gerechter Friede« zurückgreift, betonen die Bischöfe die hohe Verantwortung der Soldaten im Dienst für einen gerechten Frieden und nehmen gleichzeitig die Kirche selbst mit in die Pflicht, Verantwortung für die Streitkräfte zu übernehmen:

„Auch in Zukunft werden wir den Angehörigen der Streitkräfte menschlich und geistlich beistehen und ein ethisch reflektiertes Selbstverständnis […] fördern. […] Wo wir den Eindruck gewinnen, dass die verschiedenen gesellschaftlichen und politischen Akteure ihrer Verantwortung für die Wahrung und Mehrung des Gemeinwohls in dieser Frage nur unzureichend nachkommen, werden wir auch weiterhin verlässliche Anwälte eines Umgangs mit und in den Streitkräften sein, der dem tiefen Ernst der Sache gerecht wird."[45]

Neben den offiziellen Verlautbarungen der Bischöfe, bringen sich auch regelmäßig katholische Laienverbände wie das Zentralkomitee der deutschen Katholiken (ZdK) in

---

[43] Die Deutschen Bischöfe (2005): Soldaten als Diener des Friedens. Erklärung zur Stellung und Aufgabe der Bundeswehr. 29. November 2005.

[44] Vgl. ebenda, S. 5.

[45] Ebenda, S. 18.

sicherheits- und verteidigungspolitische Debatten ein. Auch die Analyse der Stellungnahmen und Verlautbarungen des ZdK liefert keine Hinweise über eine kritische oder ambivalente Haltung gegenüber der Bundeswehr, auch nicht gegenüber dem Einsatz militärischer Gewalt. Der Präsident des ZdK, Hans Joachim Meyer, rief sogar nach den Anschlägen des 11.09.2001 die Politik zu entschlossenem Handeln mit allen dafür erforderlichen Mitteln, einschließlich militärischer Gewalt auf. Diese sei in Anbetracht der Ereignisse nicht nur gerechtfertigt, sondern geboten.[46] Von daher sei es seine Überzeugung, dass sich Deutschland an den militärischen Aktionen gegen den Terrorismus beteiligen muss, um weitere Gewalt zu verhindern.

„Wer erklärt, auf Gewalt müsse unter allen Umständen verzichtet werden, sollte offen sagen, dass er gegen Mord und Vergewaltigung keine anderen Mittel einsetzen will als Geld und gute Worte"[47].

Auf der Vollversammlung des ZdK 2008 wurden die Worte Meyers mit Blick auf den Einsatz der Bundeswehr in Afghanistan noch deutlicher. Aufgrund der Tatsache, dass viele Deutsche dem militärischen Intervenieren in Afghanistan kritisch gegenüberstehen, fordert Meyer von den politisch Verantwortlichen „ein klares Bekenntnis zum bewaffneten Kampf" gegen die, die in Afghanistan für Terror verantwortlich sind.[48]

Auch gegenüber den Soldaten äußert er sich in sehr anerkennender und wertschätzender Weise: Wer in diesem Krieg falle, gäbe sein Leben für die Menschen in Afghanistan und unsere Freiheit.[49]

---

[46] Vgl. Zentralkomitee der deutschen Katholiken (ZdK): ZdK-Präsident Meyer befürwortet militärischen Einsatz in Afghanistan.

[47] Ebenda.

[48] Vgl. Zentralkomitee der deutschen Katholiken (ZdK): ZdK-Präsident fordert Bekenntnis zur Notwendigkeit des militärischen Einsatzes in Afghanistan, 21.11.2008.

[49] Vgl. ebenda.

4 Die Haltung der evangelischen Kirche

Historischer Rückblick

Ein kurzer historischer Rückblick soll die in der evangelischen Kirche äußerst kontrovers geführte sicherheitspolitische Diskussion nach dem Zweiten Weltkrieg kurz skizzieren, bevor in einem zweiten Schritt die aktuelle Friedensschrift der evangelischen Kirche »Aus Gottes Frieden Leben – Für gerechten Frieden sorgen« genauer untersucht wird.

Die Westintegration Deutschlands wurde von der eher reservierten evangelischen Kirche weitaus weniger vorbehaltlos unterstützt als von der katholischen Kirche.[50] In der Frage der Wiederbewaffnung äußerte sich der Rat der Evangelischen Kirche Deutschlands (EKD) anfangs ausschließlich ablehnend. Diese kategorische Ablehnung ging dann später in eine vorsichtige Zustimmung über, wobei sich der Streit zu dieser Thematik innerhalb der evangelischen Kirche weiter fortsetzte.[51]

Neben der Wiederbewaffnungsdebatte diskutierte die evangelische Kirche auch Themen wie die Wiedereinführung der allgemeinen Wehrpflicht, die Abschreckung mit atomaren Waffen sowie die aktuellen Einsätze der Bundeswehr sehr kontrovers, was zu Kirchenaustritten und Abspaltungen führte.[52] Der ehemalige Vorsitzende der EKD Wolfgang Huber sah sogar die kirchliche Einheit auf eine harte Probe gestellt.[53] Insbesondere bei der Diskussion um die

---

[50] Vgl. Erdmann, Gero (2007): Kirchen und NRO. In: Schmidt, Siegmar/Hellmann, Gunther/Wolf, Reinhard (Hrsg.): Handbuch zur Deutschen Außenpolitik, Wiesbaden 2007, S. 305.

[51] Vgl. ebenda, S. 305.

[52] Vgl. Deutscher Bundestag (2009), S. 45.

[53] Vgl. Vorwort des Vorsitzenden des Rates der Evangelischen Kirche in Deutschland, Wolfgang Huber, in: Aus Gottes Frieden leben – für ge-

Teilhabe an der atomaren Bewaffnung der NATO, gingen die innerprotestantischen Meinungen stark auseinander.

Mit Blick auf die Bundeswehr gipfelte dies in der Frage, ob der Einsatz von atomaren Waffen vor dem Gewissen des Soldaten friedensethisch zu vertreten sei.[54] Eine unabhängige wissenschaftliche Kommission der Forschungsstätte der Evangelischen Studiengemeinschaft verabschiedete 1959 die sog. Heidelberger Thesen, die sich als Kompromissformulierungen des deutschen Protestantismus in der Frage gegensätzlicher Gewissensentscheidungen zum Dasein von Atomwaffen etablierte.[55]

Zum einen wurde festgehalten, dass der Weltfriede zur Lebensbedingung des technischen Zeitalters werde und der Krieg in andauernden und fortschreitenden Anstrengungen abgeschafft werden müsse (These 1 und These 3). Zum anderen wurde auch berücksichtigt, was die evangelischen Christen trennte, indem mit These 7 und 8 ein Kompromiss formuliert wurde. Darin heißt es:

„Die Kirche muß den Waffenverzicht als eine christliche Handlungsweise anerkennen" und „Die Kirche muß auch die Beteiligung an dem Versuch, durch das Dasein von Atomwaffen einen Frieden in Freiheit zu sichern, als eine heute noch mögliche christliche Handlungsweise anerkennen".[56]

Trotz der starken Friedensbewegung innerhalb der evangelischen Kirche, distanzierte sich die EKD in ihrer Mehrheit nie kategorisch von dem Einsatz militärischer Gewalt. Die Haltung der EKD war vielmehr geprägt von einer Nähe zum Staat und dessen Institutionen, was sich beispielsweise

---

rechten Frieden sorgen. Eine Denkschrift des Rates der evangelischen Kirche in Deutschland, Gütersloh 2007, S. 7.

[54] Vgl. Frey, Ulrich (2006): Von der Komplementarität zum gerechten Frieden. Zur Entwicklung kirchlicher Friedensethik.

[55] Vgl. ebenda.

[56] Eppler, Erhard: Abrüstung – Frieden – Position der evangelischen Kirche, S. 577 f.

auch in dem 1957 unterzeichneten Militärseelsorgevertrag niederschlug. Dieser regelte, dass Pfarrer/innen der Militärseelsorge organisatorisch in die Bundeswehr eingegliedert sind und vom Staat finanziert werden.[57]

Bis 1967 galt der Wehrdienst innerhalb der evangelischen Kirche sogar als der »normale« Weg für einen Christen. Ende der 1960er Jahre wurde dann allerdings aufgrund des Streites zwischen den Befürwortern und Kritikern dieser Haltung, die These von der Komplementarität des Dienstes »mit und ohne Waffen« entwickelt.[58] Im Jahr 1981 erschien dann die für die evangelische Kirche lange Zeit maßgebliche Friedensdenkschrift mit dem Titel »Frieden wahren, fördern und erneuern«.[59]

Sie betonte u.a., dass aus der generellen Friedensverantwortung der evangelischen Kirche auch eine politische Verantwortung für die Friedenssicherung abzuleiten sei. Ziel sei immer der Friede und niemals der Krieg, da Krieg immer als Scheitern von Politik betrachtet werden müsse. Darüber hinaus wurde jedoch an der Position der eben zitierten Heidelberger Thesen festgehalten. Der Versuch, durch atomare Rüstung und Abschreckung einen Frieden in Freiheit zu sichern wurde als eine „heute noch mögliche christliche Handlungsweise" anerkannt.[60]

---

[57] Vgl. Gildemeister, Jan (2015): Evangelische Kirche und die Friedensfrage. Positionen, Widersprüche und Gemeinsames. In: Wissenschaft und Frieden: W & F. – 33 (2015), S. 41.

[58] Vgl. ebenda.

[59] Vgl. Huber, Wolfgang (2008): „Von der gemeinsamen Sicherheit zum gerechten Frieden - Die Friedensethik der EKD in den letzten 25 Jahren" – Vortrag anlässlich der 12. Dietrich-Bonhoeffer-Vorlesung in Münster.

[60] Vgl. ebenda.

Aus Gottes Frieden leben – für gerechten Frieden sorgen

Die derzeitigen Grundlagen für die Arbeit und die Positionen der EKD bildet die Denkschrift der EKD von 2007 »Aus Gottes Frieden leben – für gerechten Frieden sorgen«.[61] In Kapitel III dieser Denkschrift wird der militärische Gewaltgebrauch umfangreich untersucht und zugleich Kriterien für den Einsatz „rechtserhaltender Gewalt" benannt.[62] Daher werden im Folgenden die Kernaussagen dieser zentralen kirchlichen Verlautbarung mit Blick auf die Haltung der evangelischen Kirche zu Militär und Sicherheitspolitik genauer analysiert.

Zunächst ist festzustellen, dass sich analog zur katholischen Kirche auch bei der evangelischen Kirche eine Abkehr von der Lehre vom gerechten Krieg nach Thomas von Aquin vollzogen hat.[63] Beide Kirchen haben sich der Grundeinsicht einer Lehre vom gerechten Frieden verpflichtet.[64] In aller Klarheit wird gesagt, dass es gerechte Kriege aus Sicht der EKD nicht geben kann. Dennoch steht militärische Gewalt auch in der Denkschrift der evangelischen Kirche nicht in Widerspruch zum Leitbegriff des gerechten Friedens. Dies begründet die evangelische Kirche über den Begriff des Rechts:

„Das ethische Leitbild des gerechten Friedens ist zu seiner Verwirklichung auf das Recht angewiesen".[65]

Dies bedeutet, dass ethische Forderungen in eine Rechtsform gegossen werden müssen, um politisch wirken zu

---

[61] Aus Gottes Frieden leben – für gerechten Frieden sorgen. Eine Denkschrift des Rates der evangelischen Kirche in Deutschland, Gütersloh 2007.

[62] Vgl. Gildemeister (2015), S. 42.

[63] Vgl. Deutscher Bundestag (2009), S. 49.

[64] Vgl. Aus Gottes Frieden leben – für gerechten Frieden sorgen, S. 11, (1).

[65] Ebenda, S. 57.

können. Integraler Bestandteil dieses Rechts ist die Durchsetzbarkeit. Damit ist auch der militärischen Gewaltanwendung der Weg geebnet, wenn eine Liste von »Kriterien einer Ethik rechtserhaltender Gewalt«, die der Lehre vom gerechten Krieg entstammen, erfüllt werden.[66] Darüber hinaus muss die rechtserhaltende Gewalt strikt auf das geltende Völkerrecht bezogen sein.[67] Dennoch betont die evangelische Kirche an dieser Stelle, dass es sich auch bei dieser Art von Gewaltanwendung um ein Übel handelt und nicht vom „Risiko des Schuldigwerdens" befreit.[68]

Im Folgenden befasst sich die Friedenschrift en Detail mit den drei rechtlichen Begründungen für militärische Gewalt, zu denen der Präventivkrieg im Rahmen der Selbstverteidigung, die humanitäre Intervention und die bewaffneten Friedensmissionen zählen.[69]

Seit den Anschlägen vom 11.09.2001 wird immer wieder darüber nachgedacht, ob das in der UN Charta konzipierte Selbstverteidigungsrecht in Anbetracht des Kampfes gegen den internationalen Terrorismus insofern neu interpretiert werden müsse, als präemptive Schläge oder gar Präventivkriege dem Selbstverteidigungsrecht zuzuordnen sind. Dies wird durch die evangelische Kirche kategorisch ausgeschlossen, denn „von keinem Staat der Welt darf Gewalt ausgehen".[70]

Bezogen auf den Kampf gegen den internationalen Terrorismus bedeutet dies, dass das Militär hierbei völlig aus der Verantwortung genommen wird und „Terrorismusbekämp-

---

[66] Vgl. Stümke (2009), S. 284.

[67] Vgl. Pausch, Eberhard Martin (2010): Vom gerechten Krieg zum gerechten Frieden – Zur kirchlich-theologischen Einordnung der Denkschrift. In: Dörfler-Dierken, Angelika/Portugall, Gerd (Hrsg.): Friedensethik und Sicherheitspolitik. Weißbuch 2006 und EKD-Friedensschrift in der Diskussion, Wiesbaden 2010, S. 116.

[68] Aus Gottes Frieden leben – für gerechten Frieden sorgen, S. 70, (103).

[69] Vgl. Stümke (2009), S. 284.

[70] Aus Gottes Frieden leben – für gerechten Frieden sorgen, S. 71, (106).

fung kein legitimes Ziel einer über den Selbstverteidigungsfall hinaus anhaltende Kriegsführung [ist], sondern in die
Kategorie der internationalen Verbrechensbekämpfung
[gehört]".[71]

Insofern würde es den ethischen Empfehlungen der evangelischen Kirche entsprechen, wenn sich die Bundeswehr
nicht an Kriegen zur Bekämpfung des internationalen Terrorismus beteilige. Vielmehr hätten die Staaten selbst die
Pflicht, auf ihrem eigenen Territorium wirksam gegen Terrorismus zu kämpfen.[72] Im Zusammenhang mit der Terro-
rismusbekämpfung wird auch auf die nukleare Abschreckung eingegangen. Hier ist eine deutliche Diskontinuität
zu den Verlautbarungen der Vergangenheit zu konstatieren.
Während die bereits zitierten Heidelberger Thesen von
1959 den Einsatz von Atomwaffen „als eine heute noch
mögliche christliche Handlungsweise anerkennen" heißt es
in der Denkschrift von 2007:

*„Aus der Sicht evangelischer Friedensethik kann die Drohung mit
Nuklearwaffen heute nicht mehr als Mittel legitimer Selbstverteidigung betrachtet werden. Mit dieser Aussage wird – in einer veränderten historischen Situation – bewusst eine friedensethische Position
vertreten, die von These VIII der Heidelberger Thesen von 1959
abweicht".[73]*

Bei humanitären Interventionen legt die Friedensschrift
sehr strenge Maßstäbe an. Diese sind nur in absoluten Aus-
nahmefällen ethisch legitimierbar. Eine Argumentation
hierfür lautet, dass „die Anerkennung und Garantie der
bürgerlichen, politischen und sozialen Menschenrechte
nicht an staatlich organisierten Gemeinwesen vorbei [kann],
sie muss vielmehr in ihnen, mit ihnen und durch sie ver-
wirklicht werden."[74]

---

[71] Ebenda.
[72] Vgl. ebenda, S. 71 f, (106).
[73] Ebenda, S. 103, (162).
[74] Ebenda, S. 75, (111).

74

Der Staat ist also diejenige Instanz, die allein Recht verbindlich formulieren und seine Geltung durchsetzen kann. Ein militärischer Einsatz würde demnach diese Aufgabe des Staates unterminieren und dürfe daher nicht erlaubt werden.[75]

Jedoch lässt die Friedensschrift keinen Zweifel an einer militärischen Intervention, wenn der Staat seinen Grundfunktionen nicht nachkommt oder Menschheitsverbrechen, wie Genozid, Massenmord an Minderheiten, Massakern an ethnischen Gruppen, kollektive Folter und Versklavung vorliegen.[76] In diesem Falle habe *„ein Staat, in dem die physische Existenz der Bürger akut bedroht ist oder in dem große Teile der Bevölkerung kollektiv entrechtet werden, den Anspruch auf Respektierung seiner politischen und territorialen Integrität verwirkt.“*[77]

Der dritte Fall von Anwendung militärischer Gewalt bezieht sich auf bewaffnete Friedensmissionen. Hier geht es sowohl um die internationale Krisenbewältigung als auch um die Unterstützung solcher Staaten, die mit ihren Mitteln Recht nicht mehr durchsetzen können.[78] Die Friedenschrift äußert sich auch zu diesen Einsätzen sehr skeptisch, da die Erfahrung gezeigt habe, dass die Möglichkeiten mit militärischen Mitteln Friede zu schaffen, begrenzt sind.[79] Dennoch wird auch hier relativierend eingeräumt, dass ein externes Eingreifen als äußerstes Mittel nicht vollständig auszuschließen sei. Militärische Maßnahmen müssten allerdings Bestandteil einer kohärenten Friedenspolitik unter dem Primat des Zivilen bleiben.[80]

---

[75] Vgl. Stümke (2009), S. 286.

[76] Vgl. Aus Gottes Frieden leben – für gerechten Frieden sorgen, S. 75 f, (112).

[77] Ebenda.

[78] Vgl. Stümke (2009), S. 287.

[79] Vgl. Aus Gottes Frieden leben – für gerechten Frieden sorgen, S. 78, (117).

[80] Vgl. ebenda, S. 78, (118).

Die Auswertung der Friedensschrift zeigt, dass weder die Bundeswehr noch ihre Einsätze grundsätzlich infrage gestellt werden. Pausch bemerkt darüber hinaus, dass sich die Denkschrift ausdrücklich nicht zu einem reinen und radikalen christlichen Pazifismus bekennt und unter allen Umständen einen Verzicht auf militärische Gewalt einfordert.[81] Obwohl mit dieser Denkschrift der Versuch unternommen wurde, einen möglichst breit getragen Konsens in der Friedensfrage zerstrittenen evangelischen Kirche zu schaffen, bleibt die Kritik auch an dieser Schrift nicht aus, wobei es zwei unterschiedliche Standpunkte gibt:

Die einen, zu den die Mehrheit der Evangelischen Seelsorge in der Bundeswehr gehört, sind der Ansicht, dass die Denkschrift den Erfordernissen der aktuellen Einsätze nicht gerecht wird, da die Denkschrift auf funktionierende Staaten setze und keine Antwort auf den Umgang mit Menschenrechtsverletzungen durch nichtstaatliche Gewaltakteure wie etwa den Islamischen Staat gebe. Die anderen wiederum fordern ein klares friedensethisches Bekenntnis und Leitbild für die gewaltfreie Überwindung des Krieges.[82] Vertreter dieser Position, zu denen u.a. der evangelische Pastor Jörg Ostermann-Ohno gehört, verweisen auf die radikalpazifistische Position, die sich in einem unbedingten Willen zur Gewaltlosigkeit unter allen Umständen niederschlägt und der radikalen Aufforderung Jesu zur Gewaltlosigkeit entspräche.[83]

Doch trotz dieser pazifistischen Grundhaltung sieht auch er die evangelische Kirche in einem Dilemma:

„Tun wir nichts, dann machen wir uns schuldig, wenn wir damit tatenlos zusehen, wie Menschen vom Völkermorde bedroht sind.

---

[81] Vgl. Pausch (2010), S. 115.

[82] Vgl. Gildemeister (2015), S. 42.

[83] Vgl. Ostermann-Ohno, Jörg (2016): Friedensbewegung – realistisch oder weltfremd? In: Lange, Wera/Will, Michaela (Hrsg.): Krieg und Frieden, Band 1, Nordhausen 2016, S. 142.

Wenden wir aber Gewalt an oder stellen Mittel bereit, mit denen am Ende auch Gewalt ausgeübt wird, machen wir uns auch schuldig an der Ausübung von Gewalt gegen Menschen'[84]

Neben diesen grundlegenden Verlautbarungen der evangelischen Kirche, werden auch immer wieder anlassbezogene Impulse zur Sicherheitspolitik in Form von Positionspapieren gesetzt. An dieser Stelle seien exemplarisch die im Oktober 2015 vorgestellten Eckpunkte der EKD zum Weißbuch 2016, »Am gerechten Frieden orientieren – Evangelische Perspektiven auf die deutsche Außen- und Sicherheitspolitik« genannt. In diesem Papier bezieht sich die EKD im Wesentlichen auf die Eckpunkte der bereits erörterten Friedensschrift von 2007. Demzufolge erneuert die evangelische Kirche ihr Credo, dass der Einsatz militärischer Gewalt keinen Frieden schafft.[85]

Darüber hinaus fordert die EKD den Vorrang gewaltfreier Mittel bei der Förderung des Friedens. Aber auch in diesem Positionspapier wird die Anwendung und Androhung militärischer Gewalt als ultima ratio, als „äußerste Handlungsmöglichkeit zur befristeten Sicherung der äußeren Rahmenbedingungen für einen eigenständigen Friedensprozess" als ethisch legitim bewertet, wenn enge, transparente und überprüfbare Kriterien angewandt wurden, wie sie in den »Kriterien einer Ethik rechtserhaltender Gewalt« vorliegen.[86] In diesem Zusammenhang übt die evangelische Kirche Kritik am neuen Weißbuch. Es fehle die deutliche Aussage, dass die Androhung und Anwendung militärischer Gewalt immer nur äußerste Möglichkeit sein könne. Es

---

[84] Ebenda, S. 141.
[85] Vgl. Am gerechten Frieden orientieren. Evangelische Perspektiven auf die deutsche Außen- und Sicherheitspolitik. Eckpunkte zum Weißbuch 2016. Hannover 2015, S. 3.
[86] Ebenda.

fehlten darüber hinaus klare und orientierungsfähige Kriterien für den Einsatz militärischer Gewalt.[87]

Generell bemängelt die evangelische Kirche, dass es im Weißbuch um „zu viel Sicherheit" und um „zu wenig Friede" gehe. Dies wird zum einen an den Begrifflichkeiten im Weißbuch festgemacht. Demnach fehle im Weißbuch nach Ansicht der EKD das Leitbild des Friedens und damit die von den Kirchen immer wieder postulierte Vision vom gerechten Frieden, stattdessen dominierten Begriffe wie „Bedrohung", „Sicherheit" und „Resilienz".[88]

Zum anderen entstünde der Eindruck, dass die Bundeswehr das vorrangige Instrument deutscher Sicherheitspolitik sei und nicht die zivilen Instrumente. Dies würde insbesondere dort deutlich werden, wo eine langfristige Erhöhung des Verteidigungsetats auf zwei Prozent des Bruttoinlandproduktes gefordert werde, während für das übrige Instrumentarium nur eine nachhaltige Finanzierung und Ausstattung gefordert würde.[89]

Zu den laufenden/aktuellen Einsätzen der Bundeswehr

Die Kritik der evangelischen Kirche spiegelt sich auch konkret in den aktuellen Einsätzen der Bundeswehr wider. So mahnt der Ratsvorsitzende der EKD Heinrich Bedford-Strom mit Blick auf den Bundeswehreinsatz gegen die Terrormiliz IS, dass ständig die Frage aufgeworfen werden müsse, ob alle nicht-militärischen Mittel zur Bekämpfung des sog. Islamischen Staates (IS) ausgeschöpft seien.[90]

---

[87] Vgl. Stellungnahme der EKD zum „Weißbuch zur Sicherheitspolitik und zur Zukunft der Bundeswehr".
[88] Vgl. ebenda.
[89] Vgl. ebenda.
[90] Vgl. EKD: Die EKD sieht einen Syrien-Einsatz der Bundeswehr skeptisch, 04.12.2015.

Insgesamt sprach sich die evangelische Kirche gegen den Einsatz der Bundeswehr in Syrien aus. Als Argumentationsgrundlage für diese Entscheidung diente die Friedeschrift „Aus Gottes Frieden leben – für gerechten Frieden sorgen". Neben dem Fehlen eines Mandats des UN-Sicherheitsrates wies man in der Stellungnahme gegen den Einsatz darauf hin, dass es sich bei Terrorismus um ein Verbrechen handele, das auch wie ein Verbrechen zu behandeln sei und damit in Anlehnung an die Friedensschrift in die Kategorie der internationalen Verbrechensbekämpfung gehöre und kein legitimes Ziel einer über den Selbstverteidigungsfall hinaus anhaltenden Kriegsführung sei.[91] Daher kam die evangelische Kirche zum Schluss:

„Auch wenn das humanitäre Elend zum Himmel schreit und einen moralischen Druck zum Handeln erzeugt, zeigen sich für ein militärisches Eingreifen, das nach allen Erfahrungen in der Konsequenz die Probleme potenziert, keine belastbaren Erfolgsaussichten."[92]

Sehr intensiv hat sich die evangelische Kirche auch mit dem Afghanistan Einsatz der Bundeswehr auseinandergesetzt. Vor nunmehr sieben Jahren hat die damalige EKD-Ratsvorsitzende Margot Käßmann mit ihren Äußerungen „Nichts ist gut in Afghanistan"[93] und ihrer Aufforderung nach mehr „Fantasie für den Frieden"[94] eine Diskussion in Deutschland losgetreten, die nicht nur innerhalb der evangelischen Kirche sehr kontrovers geführt wurde. 2014 nimmt die evangelische Kirche in Deutschland das Ende der ISAF- Mission zum Anlass, eine friedensethische Bilanz des Afghanistan-Einsatzes unter dem Titel »Selig sind die

---

[91] Vgl. Stellungnahme des Friedensbeauftragten des Rates der Evangelischen Kirche in Deutschland zu einer militärischen Beteiligung Deutschlands am Kampf gegen den sog. „Islamischen Staat" in Syrien vom 02.12.2015.

[92] Ebenda, Abschnitt 6 der Stellungnahme.

[93] Vgl. Käßmann, Margot: Predigt im Neujahrsgottesdienst in der Frauenkirche Dresden am 01.01.2010.

[94] Vgl. Ebenda.

Friedfertigen« zu ziehen.[95] In dieser offiziellen Verlautbarung wirft der damalige EKD-Ratsvorsitzende Nikolaus Schneider die Frage auf, ob sich das Leitbild des gerechten Friedens im Einsatz bewährt hat oder ob dieses von den Erfahrungen in Afghanistan her konkretisiert, präzisiert oder sogar korrigiert werden muss.[96]

Erwartungsgemäß war sich die »Kammer für öffentliche Verantwortung«, die mit der Beantwortung der Frage beauftragt wurde, nicht einig.

Ein Teil der Kammer *„sieht durch die Situation in Afghanistan die Prinzipien und die Kriterien der Friedensdenkschrift bestätigt und bewertet die friedensethische Legitimität des Einsatzes trotz gegebener völkerrechtlicher Mandatierung sehr kritisch"*[97] Ein anderer Teil *„betont die Legitimität des Einsatzes unter dem Gesichtspunkt, dass die ursprüngliche Interventionsentscheidung durch nicht erkennbare Faktoren und Entwicklungen im laufenden Einsatz zu zuvor unvorhergesehenen und ungewollten Gewaltmaßnahmen gezwungen habe. […] Es sei geboten, nicht die Prinzipien, wohl aber die auf einzelne Handlungssituationen bezogenen Kriterien der Friedensdenkschrift weiterzuentwickeln."*[98]

Einigkeit der Kammermitglieder bestand allerdings bei der Frage nach der Anspruchsangemessenheit des Afghanistan-Einsatzes. Im Vorwort heißt es dazu:

„übereinstimmend urteilen Kammer und Rat mit großer Skepsis in der Frage, ob die in Afghanistan eingesetzten militärischen Mittel dem politischen Ziel des Einsatzes angemessen waren und sind."[99]

In der Schlussbemerkung wird abschließend dazu wie folgt Stellung genommen:

---

95 Vgl. EKD 2013: „Selig sind die Friedfertigen". Der Einsatz in Afghanistan: Aufgaben evangelischer Friedensethik, Hannover 2013, Stand 23.12.2016.

96 Vgl. EKD 2013: „Selig sind die Friedfertigen", S. 8.

97 Ebenda, S. 49.

98 Ebenda, S. 50.

99 Ebenda, S. 9.

„Im Blick auf den Afghanistan-Einsatz stellt sich allerdings die ernste Frage, ob nicht die militärischen Mittel eine Eigendynamik entwickelt haben, die dazu führte, dass das Leitbild des ‚gerechten Friedens‘ aus dem Zentrum des Handels herausgerückt ist" [100]

Diese Kritik bezieht sich jedoch einzig und allein auf die Sicherheitspolitik der Bundesregierung. Es gibt letztlich aber keine offiziellen Verlautbarungen der EKD gegen die Soldaten, die Bundeswehr oder den Einsatz der Bundeswehr im Ausland. Im Gegenteil bekräftigen der EKD Friedensbeauftragte Brahms und der evangelische Militärbischof Rink, dass die Soldatinnen und Soldaten mit großem persönlichem Einsatz herausragende Leistungen für Sicherheit und Frieden erbringen. [101]

Auch in ihren Predigten äußern sich die evangelischen Geistlichen in sehr wohlwollender und anerkennender Weise gegenüber den Soldatinnen und Soldaten der Bundeswehr. So sprach sich der damalige EKD Ratsvorsitzende Nikolaus Schneider im Rahmen einer Predigt im ZDF-Fernsehgottesdienst im Mai 2011 für eine größere Aufmerksamkeit für die deutschen Soldatinnen und Soldaten aus:

„Es ist wichtig, dass die Menschen, die unser Land in einen solchen Einsatz schickt, nicht allein gelassen werden. Es ist wichtig, dass wir als Kirche und Gesellschaft die wahrnehmen, die aus dem Einsatz zurückkehren – verwundet oder mit belastenden Erfahrungen ihrer Seele. […] Es geht uns um die Menschen, die am Hindukusch ihren schwierigen Dienst tun. Es sind Menschen aus unseren Gemeinden. Sie gehören zu uns, in unsere Mitte. Es ist richtig und wichtig, für sie zu beten. Ihnen Seelsorger an die Seite zu stellen, die sie begleiten." [102]

---

[100] Ebenda, S. 49.

[101] Vgl. Pressemitteilung der EKD vom 09.09.2016: Weißbuch 2016: Evangelische Kirche betont Vorrang ziviler Lösungskonzepte.

[102] Schneider, Nikolaus: Predigt im Rahmen des ZDF-Fernsehgottesdienstes zum Thema „Freiheit – am Hindukusch vertei-

Darüber hinaus forderte die EKD-Kulturbeauftragte Petra Bahr eine Beteiligung an öffentlichen Gedenkfeiern für gefallene Soldaten. Gefallene Soldaten hätten demnach ein Recht auf öffentliches Gedenken, da sie vom Parlament im Namen der Bevölkerung in eine Krisenregion geschickt worden seien, unabhängig davon, wie man selbst zu Einsätzen der Bundeswehr stehe.[103]

5 Zusammenfassung

Mit Blick auf die beiden christlichen Kirchen konnte gezeigt werden, dass sowohl die katholische, als auch die evangelische Kirche wichtige Akteure in den sicherheitspolitischen Debatten in Deutschland waren und sind. Beide christlichen Kirchen verfolgen eine aus der christlichen Lehre abgeleitete Position des gerechten Friedens. Dennoch gibt es bei beiden Konfessionen innerkirchliche Auseinandersetzungen um die Auslandseinsätze der Bundeswehr. Beide betonen den Vorrang der zivilen Konfliktbearbeitung und setzten sich auch für zivile Friedensdienste ein. In den offiziellen Stellungnahmen werden militärische Mittel zwar nicht ausgeschlossen, kommen aber nur als ultima ratio in Betracht und verlangen nach strengen ethischen Kriterien sowie der völkerrechtlichen Legitimierung durch die UN.[104]

Mit Blick auf die Soldaten der Bundeswehr räumen sowohl die katholische als auch die evangelische Kirche ein, dass Soldatinnen und Soldaten im äußersten Fall töten müssen. Waffen dürfen demnach nur für andere Menschen eingesetzt werden, um diejenigen zu schützen, die sich selbst nicht schützen können. Darüber hinaus unterstreichen

---

digt?" (1. Könige 19, 4-13), Abflughalle des Militärflughafens Köln-Wahn am 15.05.2011.

[103] Vgl. EKD-Kulturbeauftragte: Kirchen sollen gefallener Soldaten gedenken, vom 23.04.2009.

[104] Vgl. Erdmann (2007), S. 306 f.

beide Grundlagendokumente, die in diesem Beitrag besprochen wurden, nicht nur die persönliche Verantwortung eines jeden Soldaten für sein Handeln, sondern auch seine Gewissensfreiheit, die Teil seiner nicht aufzuhebenden Menschenwürde ist.[105]

Wie Erdmann konstatiert, ist in beiden »Volkskirchen« ein ähnlich breites Meinungsspektrum, wie in der Gesamtbevölkerung vertreten. Jede Erklärung zu einer sicherheitspolitischen Thematik ist nur über einen schwierigen und langwierigen Verhandlungsprozess, an dessen Ende ein Kompromiss steht möglich. Daher resultieren auch die zuweilen widersprüchlichen Stellungnahmen in beiden Kirchen, wobei der »föderale« Charakter der evangelischen Kirche öffentliche Kontroversen eher begünstige als der katholische »Zentralismus«.[106]

Insgesamt ist festzustellen, dass sich die beiden Kirchen in vorbildlicher Weise am häufig geforderten Dialog über Fragen der Sicherheitspolitik beteiligen und mit ihren Verlautbarungen einen für Soldaten wichtigen ethischen Kompass anbieten. Daneben sei auch die in diesem Buchbeitrag nur am Rande thematisierte Funktion der Militärseelsorge genannt, die auch bei konfessionell nicht gebunden Soldaten auf höchste Akzeptanz stößt, da die Militärpfarrer/innen sowohl im Einsatz als auch zu Hause für den einzelnen Soldaten da sind. Darüber hinaus setzt sich die Militärseelsorge immer wieder für eine stärkere Würdigung des soldatischen Dienstes in der Gesellschaft ein. So rief beispielsweise der evangelische Leitende Militärdekan Armin Wenzel die evangelischen Kirchengemeinden dazu auf, Soldaten als Teil der Glaubensgemeinschaft willkommen zu

---

105 Vgl. Dörfler-Dierken, Annika (2010): Von „Krieg" und „Frieden": zur Wahrnehmung des Afghanistaneinsatzes bei Soldatinnen und Soldaten, Politik und Kirchen. In: Dörfler-Dierken, Angelika/Portugall, Gerd (Hrsg.), S. 234f.
106 Vgl. Erdamnn (2007), S. 307.

heißen. Der ehemalige katholische Militärbischof Mixa ordnete in seinem Bistum an, dass in Gottesdiensten regelmäßig aller Soldaten gedacht wird.[107]

Insgesamt fällt auf, dass sich die beiden hier untersuchten Institutionen nicht fundamental vom gesellschaftlichen Meinungsbild unterscheiden: Konstruktive kirchliche Kritik bezieht sich einzig und allein auf die sicherheitspolitische Ebene, die Bundeswehr und der einzelne Soldat genießen hohe Anerkennung und Wertschätzung.

---

[107] Vgl. Deutscher Bundestag (2009), S. 52.

Literaturverzeichnis

Rates der evangelischen Kirche in Deutschland (2007): Aus Gottes Frieden leben – für gerechten Frieden sorgen. Eine Denkschrift des Rates der evangelischen Kirche in Deutschland, Gütersloh 2007.

Bendel, Lothar (2003): Soldat und Ethik: Ethische Überlegungen zum erweiterten Auftrag der Streitkräfte. In: Katholisches Militärbischofsamt (Hrsg.): Militärseelsorge 39./40. Jahrgang 2001 – 2002, Rheinbach 2003.

Biehl, Heiko/Kümmel, Gerhard (2015): Gradmesser der zivil-militärischen Beziehungen. Der Beitrag von Umfragen und Einstellungsforschung. In: Biehl, Heiko/Schoen, Harald (Hrsg.): Sicherheitspolitik und Streitkräfte im Urteil der Bürger, Wiesbaden 2015.

Biehl, Heiko (2005): Das Meinungsbild der Bevölkerung zu den Aufgaben und Einsätzen der Bundeswehr, AIK Datenreport 01/2005, Strausberg 2005.

Dörfler-Dierken, Angelika (2010): Von „Krieg" und „Frieden": zur Wahrnehmung des Afghanistaneinsatzes bei Soldatinnen und Soldaten, Politik und Kirchen. In: Dörfler-Dierken, Angelika/Portugall, Gerd (Hrsg.): Friedensethik und Sicherheitspolitik. Weißbuch 2006 und EKD-Friedensschrift in der Diskussion, Wiesbaden 2010.

Deutscher Bundestag, Wissenschaftliche Dienste (2009): Eliten Deutschlands und deren Verhältnis zur Bundeswehr – Eine Untersuchung von Intellektuellen, Gewerkschaften und Kirchen.

Die Deutschen Bischöfe (2000): Gerechter Frieden, 27.September 2000, 2.Auflage, Bonn 2000.

Die Deutschen Bischöfe (2005): Soldaten als Diener des Friedens. Erklärung zur Stellung und Aufgabe der Bundeswehr. 29. November 2005.

Erdmann, Gero (2007): Kirchen und NRO. In: Schmidt, Siegmar/Hellmann, Gunther/Wolf, Reinhard (Hrsg.): Handbuch zur Deutschen Außenpolitik, Wiesbaden 2007.

Gabriel, Oscar W. (1993): Institutionenvertrauen im vereinigten Deutschland. In: Aus Politik und Zeitgeschichte, Beilage zur Wochenzeitung Das Parlament, Band 43/93, Bonn 1993.

Gildemeister, Jan (2015): Evangelische Kirche und die Friedensfrage. Positionen, Widersprüche und Gemeinsames. In: Wissenschaft und Frieden: W & F. – 33 (2015).

Grein-Funk, Eberhard (1988): Soldat und Ethik, St. Ottilien 1988.

Langhorst, Peter (2001): „Ziel ist ein positiver Friede": die Diskussion um Sicherheitspolitik und Friedensethik im deutschen Katholizismus nach 1945. In: Militärseelsorge: Zeitschrift des Katholischen Militärbischofamtes, Bonn 2001.

Marx, Reinhard (2010): Der Beitrag der deutschen Bischöfe zur friedenspolitischen Diskussion in Deutschland. In: Kompass: Soldat in Welt und Kirche, Heft 9/2010, Düsseldorf 2010.

Ostermann-Ohno, Jörg (2016): Friedensbewegung – realistisch oder weltfremd? In: Lange, Wera/Will, Michaela (Hrsg.): Krieg und Frieden, Band 1, Nordhausen 2016.

Papst Johannes Paul II., Friede den Menschen, die Gott liebt! Botschaft zur Feier des Weltfriedenstages am 1. Januar 2000.

Pausch, Eberhard Martin (2010): Vom gerechten Krieg zum gerechten Frieden – Zur kirchlich-theologischen Einordnung der Denkschrift. In: Dörfler-Dierken, Angelika/Portugall, Gerd (Hrsg.): Friedensethik und Sicherheitspolitik. Weißbuch 2006 und EKD-Friedensschrift in der Diskussion, Wiesbaden 2010.

Schmidt, Christian (2010): Kirche und Politik haben einen Friedensauftrag. In: Der katholische Militärbischof für die deutsche Bundeswehr (Hrsg.): KOMPASS Soldat in Welt und Kirche, Heft 9/2010.

Seemann, Markus (2016): „Der Soldatenstand ist ein edler Stand." In: Der katholische Militärbischof für die deutsche Bundeswehr (Hrsg.): KOMPASS Soldat in Welt und Kirche, Heft 10/2016, Düsseldorf 2016.

Stümke, Volker (2009): Auslandseinsätze und die Sorge für gerechten Frieden: ein Blick in die aktuelle Friedensdenkschrift der Evangelischen Kirche in Deutschland. In: Jaberg, Sabine: Auslandseinsätze der Bundeswehr: sozialwissenschaftliche Analysen, Diagnosen und Perspektiven, Berlin 2009.

Sturm, Cornelius (2015): Mehr als nur humanitäre Interventionen. Die Responsibility to Protect als Herausforderung für die christliche Sozialethik. In: Bock, Veronika et all (Hrsg.): Christliche Friedensethik vor den Herausforderungen des 21. Jahrhunderts, 1. Auflage, Münster 2015.

Bundesministerium der Verteidigung (Hrsg.): Weißbuch 2016, Zur Sicherheitspolitik und Zukunft der Bundeswehr. Stand Juni 2016.

Willems, Ulrich (2001): Bedingungen, Elemente und Effekte des politischen Handelns der Kirche in der Bundesrepublik Deutschland. In: Zimmer, Annette/Weßels, Bernhard (Hrsg.): Verbände und Demokratie in Deutschland, Wiesbaden 2001.

Internetquellen

Am gerechten Frieden orientieren. Evangelische Perspektiven auf die deutsche Außen- und Sicherheitspolitik. Eckpunkte zum Weißbuch 2016. Hannover 2015, S. 3.

(https://www.ekd.de/download/eckpunkte_weissbuch_2016.pdf) (Stand 22.12.2016).

Arens, Voh Christoph (2013): Gerechter Krieg – Gerechter Friede. (http://www.katholisch.de/aktuelles/aktuelle-artikel/gerechter-krieg-gerechter-friede) (Stand 01.12.2016).

Die deutschen Bischöfe: Gerechtigkeit schafft Frieden, Wort der deutschen Bischofskonferenz zum Frieden, 18. April 1983, S. 38. (http://www.dbk.de/fileadmin/redaktion/veroeffentlichungen/deutsche-bischoefe/DB48.pdf) (Stand 10.12.2016).

EKD: Die EKD sieht einen Syrien-Einsatz der Bundeswehr skeptisch, 04.12.2015. (https://www.ekd.de/aktuell/edi_2015_12_04_militaereinsatz_syrien.html) (Stand 22.12.2016).

EKD 2013: „Selig sind die Friedfertigen". Der Einsatz in Afghanistan: Aufgaben evangelischer Friedensethik, Hannover 2013. (https://www.ekd.de/download/ekd_texte_116.pdf) (Stand 23.12.2016).

EKD-Kulturbeauftragte: Kirchen sollen gefallener Soldaten gedenken, vom 23.04.2009.
(http://www.ekd.de/aktuell_presse/news_2009_04_23_3_bahr_soldaten.html) (Stand 22.12.2016).

Eppler, Erhard: Abrüstung – Frieden – Position der evangelischen Kirche, S. 577 f.
(http://library.fes.de/gmh/main/pdf-files/gmh/1983/1983-09-a-576.pdf) (Stand 22.12.2016).

Frey, Ulrich (2006): Von der »Komplementarität« zum »gerechten Frieden« Zur Entwicklung kirchlicher Friedensethik
(http://www.wissenschaft-und-frieden.de/seite.php?artikelID=0469) (Stand 22.12.2016).

Hoffmann, Rainer: Eine deutsche Außenpolitik für soziale Gerechtigkeit.
(http://www.aussenpolitik-weiter-denken.de/de/aussensicht/article/eine-deutsche-aussenpolitik-fuer-soziale-gerechtigkeit.html) (Stand 14.11.2016).

Huber, Wolfgang (2008): „Von der gemeinsamen Sicherheit zum gerechten Frieden - Die Friedensethik der EKD in den letzten 25 Jahren" – Vortrag anlässlich der 12. Dietrich-Bonhoeffer-Vorlesung in Münster (https://www.ekd.de/vortraege/huber/080606_huber_muenster.html) (Stand 22.12.2016).

Käßmann, Margot: Predigt im Neujahrsgottesdienst in der Frauenkirche Dresden am 01.01.2010.
(https://www.ekd.de/predigten/2010/100101_kaessmann_neujahrspredigt.html) (Stand 23.12.2016).

Schneider, Nikolaus: Predigt im Rahmen des ZDF-Fernsehgottesdienstes zum Thema „Freiheit – am Hindukusch verteidigt?" (1. Könige 19, 4-13), Abflughalle des Militärflughafens Köln-Wahn am 15.05.2011.
(http://www.ekd.de/predigten/2011/110515_schneider_fernsehgodi.html) (Stand 22.12.2016).

Overbeck, Franz-Josef (2014): „Du sollst nicht töten lassen".
(http://www.deutschlandradiokultur.de/bischof-franz-josef-overbeck-du-sollst-nicht-toeten-lassen.1278.de.html?dram:article_id=303358) (Stand 10.12.2016).

Pressemitteilung der EKD vom 09.09.2016: Weißbuch 2016: Evangelische Kirche betont Vorrang ziviler Lösungskonzepte.

(http://www.ekd.de/aktuell/edi_2016_09_09_weissbuch_brahms_rink_bundeswehr.html) (Stand 22.12.2016).

Steinmeier, Frank-Walter: Rede anlässlich der 50. Münchner Sicherheitskonferenz am 01.02.2014.

(http://www.auswaertiges-amt.de/DE/Infoservice/Presse/Reden/2014/140201-BM_M%C3%BCSiKo.html) (Stand 14.11.2016).

Stellungnahme der EKD zum „Weißbuch zur Sicherheitspolitik und zur Zukunft der Bundeswehr".

(http://www.ekd.de/download/2016_09_08_Stellungnahme_Weissbuch.pdf) (Stand 22.12.2016).

Stellungnahme des Friedensbeauftragten des Rates der Evangelischen Kirche in Deutschland zu einer militärischen Beteiligung Deutschlands am Kampf gegen den sog. „Islamischen Staat" in Syrien vom 02.12.2015. (https://www.ekd.de/download/20151202_stellungnahme_syrien.pdf) (Stand 22.12.2016).

II. Vatikanisches Konzil: Gaudium et Spes.

(http://www.vatican.va/archive/hist_councils/ii_vatican_council/documents/vat-ii_const_19651207_gaudium-et-spes_ge.html)

(Stand 01.12.2016).

Zentralkomitee der deutschen Katholiken (ZdK): ZdK-Präsident Meyer befürwortet militärischen Einsatz in Afghanistan.

(http://www.zdk.de/veroeffentlichungen/pressemeldungen/detail/ZdK-Praesident-Meyer-befuerwortet-militaerischen-Einsatz-in-Afghanistan-56R/) (Stand 12.12.2016).

Zentralkomitee der deutschen Katholiken (ZdK): ZdK-Präsident fordert Bekenntnis zur Notwendigkeit des militärischen Einsatzes in Afghanistan, 21.11.2008.

(http://www.zdk.de/veroeffentlichungen/pressemeldungen/detail/ZdK-Praesident-fordert-Bekenntnis-zur-Notwendigkeit-des-militaerischen-Einsatzes-in-Afghanistan-498f/) (Stand 12.12.2016).

Marcel Bohnert

Zwischen Bewährung und Versagen: Innere Führung heute

1 Prolog: In der heißen Zone

Die Sonne kämpft sich langsam durch die Dunstglocke des Qara Batur-Gebirges und in den verstaubten Straßenzügen des Unruhedistrikts Chahar Darreh erwacht allmählich das Leben. Es ist früher Morgen in der Provinz Kunduz. Motorenheulen durchbricht die Stille. Ich sitze auf einem geschützten Mannschaftstransporter vom Typ Dingo und blicke auf meine digitale Karte. Nur noch einen Kilometer bis zum Absitzpunkt. Ich bin mit meiner Kompanie unterwegs nach Nawabad, einem Ort, in dem bisher nur selten Soldaten der internationalen Schutztruppe patrouilliert haben. Unser Konvoi besteht aus 25 schwer bewaffneten Gefechtsfahrzeugen. Das Marschband schiebt sich über die Westplatte, eine Wüstenregion am Rande der Ortschaft. Plötzlich stoppt der Konvoi. „Wir sind da", funkt der Zugführer Charlie, der die Patrouille heute Morgen führt, „Sicherungsbereiche einnehmen, Absitzen und Suche nach Sprengfallen im Nahbereich durchführen!"

Ich bleibe noch auf meinem Dingo und sehe, wie die Soldaten den Boden absuchend um ihre Fahrzeuge kreisen. Mein Richtschütze beobachtet derweil über das Display seiner Granatmaschinenwaffe eine Personengruppe, die einige hundert Meter von uns entfernt eine Eselkarre belädt. „Keine Auffälligkeiten" meldet er nach einer Weile. „Der Bereich ist sicher" funkt der Zugführer einige Minuten später, „Formation zur Patrouille einnehmen". Ich klettere vom Fahrzeug. Mein Funker taucht neben mir auf und reicht mir eine Flasche Wasser. „Trinken Sie, Herr Hauptmann" sagt er. Schweiß rinnt über meine Stirn. Die Ausrüstung wiegt 30 kg. Schutzweste, Munitionsrucksack, Funkgeräte.

Der afghanische Kompaniechef erscheint und wir gehen an einem zwischen den Fahrzeugen ausgebreiteten Luftbild gemeinsam noch einmal den geplanten Patrouillenweg durch. Er wird von 20 Soldaten der afghanischen Armee begleitet, mit denen wir gemeinsam in den Ort einrücken. Diesmal werden wir den Afghanen folgen. Die Ortschaft ist unbekannt und sie haben ein gutes Gespür für die Stimmung in der Bevölkerung und mögliche Gefahren. Nach einigen Minuten Vorbereitung marschieren wir los. Selbst am frühen Morgen klettert das Thermometer bereits auf über 30 Grad Celsius. Wenn man nicht ständig trinkt um den Wasser- und Mineralverlust zu kompensieren, kann kein Soldat die Fußpatrouille überstehen.

Wir passieren die ersten Lehmmauern, Hunde bellen und einige Kinder schauen neugierig aus den Lehmhütten. Über uns brummt eine Drohne, die regelmäßig Lageinformationen über Fahrzeug- und Personenbewegungen gibt, die für uns nicht einsehbar sind. Die Soldaten sind angespannt. Jeder beobachtet in den ihm zugewiesenen Bereich und sorgt dafür, dass sich der Patrouille nähernde Fahrzeuge und Personen überprüft werden.

Eine halbe Stunde später sind wir am Marktplatz in Nawabad. Es herrscht reges Treiben. Männer hocken im Schatten zusammen und Kinder spielen Fußball auf einem großen Platz vor der Schule. Ich begebe mich zu einer Runde älterer Männer vor einer Moschee, begrüße sie herzlich und beginne mich mit ihnen zu unterhalten. Es geht um Vieles; um Elektrizität, Brunnen, Schulen, Sprengfallen und Taliban. Es kommen immer mehr Menschen hinzu und umringen unsere Gruppe. Tee wird serviert. Meine Scharfschützen haben den Bereich um mich gesichert und beobachten jede auffällige Bewegung im Umkreis. Die Angst vor Selbstmordattentätern ist vor allem an öffentlichen Orten unser ständiger Begleiter. Im Trubel ist ein unerkanntes Annähern an unsere eigenen Kräfte leicht möglich, auffälliges Verhalten in einer unübersichtlichen Menschenmenge nur schwer zu identifizieren. Eine größere Gruppe stellt sich auch immer als lohnendes Ziel für den Feind dar. Dennoch habe ich Helm und Schutzbrille abgenommen, um meine Bereitschaft zur Kommunikation zu signalisieren.

Plötzlich bricht ein Feuerstoß. Alles schaut hinüber auf eine Straßenkreuzung, von der Rauch aufsteigt. „Entwarnung!" ruft ein Soldat herüber. Ein Motorradfahrer hatte das Haltesignal eines afghanischen Sicherungssoldaten missachtet, worauf dieser einige Warnschüsse in die Luft abgegeben hatte. Nach einer halben Stunde Gesprächsführung verabschiede ich mich freundlich und verspreche, demnächst häufiger mit meinen Soldaten nach Nawabad zu kommen. Die Stadt ist für afghanische Verhältnisse riesig. Über 10.000 Einwohner sollen hier leben. Es gibt Probleme in vielen Bereichen. Ich habe nichts versprochen, habe mir aber Vieles notiert und werde es an die entsprechenden Abteilungen im Feldlager Kunduz melden. Wir treten unseren Rückmarsch an. Über einen anderen Weg. Es ist schon häufiger vorgekommen, dass im Rücken der eigenen Kräfte Sprengfallen installiert wurden; deswegen versuchen wir unberechenbar zu bleiben. Das Thermometer nagt inzwischen an der 50 Grad-Grenze. Ich bin froh, als wir wieder an unseren Fahrzeugen sind und eine knappe Stunde später unseren Außenposten erreichen.

Ich gehe zum Gefechtsstand und lege erschöpft die Ausrüstung ab. Die an der Patrouille beteiligten Soldaten sind noch eine Weile damit beschäftigt, technische Kontrollen an ihren Fahrzeugen und ihren Waffen durchzuführen, um im Falle einer Alarmierung sofort wieder einsatzbereit zu sein. Bereits zwei Stunden später ergeht der nächste Auftrag. Es geht wieder nach Nawabad. Einwohner haben die Verbringung eines Sprengsatzes auf der Straße gemeldet, die wir heute in den Ort genutzt hatten. Ich markiere die

Stelle auf meiner Handkarte. Wir werden uns morgen darum kümmern.

Der Zugführer Alpha betritt den Gefechtsstand. „Nabend Chef", sagt er, „wohin soll's heute gehen?". Er hat ein Nachtsichtgerät auf dem Helm und ein Infrarot-Knicklicht an seiner Schutzweste befestigt. Er wird seine Männer und Frauen auf eine Nachpatrouille führen. Sie verlassen das Tor in die Dunkelheit. Draußen ist es still geworden. Die Gebete des Muzins dringen in die Nacht. Nur das Brummen unserer Drohne scheint die Idylle zu stören. Aber nicht uns. Uns gibt dieses Brummen ein ungemein beruhigendes Gefühl. Ein Gefühl von Sicherheit. Ein wichtiges Gefühl im Distrikt Chahar Darreh.

2 Problemaufriss

Der vorstehende Prolog ist ein kurzer Ausschnitt aus meiner Zeit als Kompaniechef im Norden Afghanistans und soll einen spürbaren Einblick in den soldatischen Alltag und die Atmosphäre während der intensiven Phase der ISAF[1]-Mission gewähren. Er steht zudem symbolisch für den fundamentalen Auftragswandel der deutschen Streitkräfte seit Beginn der Auslandseinsätze zu Beginn der 1990er Jahre.[2]

Seit Ende des Kalten Krieges haben die Eingliederung der Nationalen Volksarmee, die Öffnung aller Karrierewege für Frauen, Reformen und Umstrukturierungen, Standortschließungen und Truppenreduzierungen, die Aussetzung der Allgemeinen Wehrpflicht und vor allem die umfassende

---

[1] ISAF: International Security Assistance Force – Bezeichnung der internationalen Schutztruppe in Afghanistan zwischen 2001 und 2014.

[2] Anfang November 1991 betraten deutsche Vorauskommandos kambodschanischen Boden, um die erstmalige Teilnahme von Bundeswehrangehörigen an einer Mission der Vereinten Nationen vorzubereiten. Sie waren damit die Vorboten der Zeitenwende für die deutschen Streitkräfte.

Beteiligung an internationalen Missionen der Bundeswehr ein völlig neues Gesicht gegeben. Innerhalb weniger Jahre hat sich ihr Fokus von einer zur Landes- und Bündnisverteidigung aufgestellten Streitmacht zu einem Instrument des weltweiten Krisen- und Konfliktmanagements verlagert.

Die in den 1950er Jahren konzipierte Führungstheorie der Bundeswehr, die Innere Führung, blieb unterdessen auch unter den neuen Gegebenheiten für alle Soldatinnen und Soldaten ohne grundlegende Änderungen verbindlich. Insbesondere seit den beginnenden Auslandseinsätzen haben sich jedoch Stimmen gemehrt, die den Nutzen und die Wirksamkeit der Inneren Führung für die Streitkräfte in Zweifel ziehen. Gerade der Kampfeinsatz in Afghanistan, in dem die Bundeswehr erstmals in ihrer Geschichte mit schweren Gefechten und Anschlägen konfrontiert wurde, hat Zweifel an der Bedeutung des Konzeptes für die soldatische Profession genährt.

Im Folgenden soll ein Abgleich zwischen Anspruch und Wirklichkeit der Inneren Führung vorgenommen werden. Dazu wird zunächst der Status Quo der Abspaltung von Teilen der Bundeswehr aus dem Rahmen der offiziell verordneten Führungstheorie beschrieben. An drei Beispielen aus dem Afghanistan-Einsatz wird danach aufgezeigt, dass sich die Innere Führung in wichtigen Bereichen zwar auch im Lichte der gewandelten Rahmenbedingungen bewähren kann, sie an anderer Stelle jedoch einen erheblichen Bedeutungsverlust erfahren hat. Anschließend wird am Beispiel des Integrationsanspruchs der Inneren Führung exemplarisch dargelegt, wo sich praktikable Ansatzpunkte für eine Revitalisierung des Konzeptes finden.

Die Grundlage für die folgenden Ausführungen bildet vor allem die Studie »Innere Führung auf dem Prüfstand«, die Ende 2017 im DeutschenVeteranenVerlag erschienen ist. Sie basiert neben einer umfangreichen Auswertung der

Forschung zur Führungskultur auf zahlreichen Berichten und Analysen aus der militärischen Praxis.[3] Analog zur Studie liegt den hiesigen Ausführungen die Sichtweise zugrunde, dass eine größtmögliche Kongruenz der konzeptionellen Normen der Inneren Führung mit der Realität anzustreben ist und praktische Erfahrungen als Korrektiv der Theorie betrachtet werden sollten.

3 Zwischen Athen und Sparta

> *„Do we want an army that reflects society or one that can fight? We can't have both"*[4]
>
> Tim Collins, Colonel (ret), British Army

Das einleitende Zitat stammt aus der Feder eines pensionierten britischen Offiziers. Es spiegelt eine der Grundfragen militärischer Führungsphilosophien wider, auf die demokratische Gesellschaften eine Antwort finden müssen. Der fundamentale Richtungsstreit um die Innere Führung verläuft ebenfalls entlang dieser Argumentationslinie. Er kann als Disput zwischen den geistigen Denkschulen »Athen« und »Sparta« beschrieben werden.

Athen verkörpert in diesem Sinne ein weltoffenes bürgerliches Gemeinschaftswesen, in dem das Politische im Mittelpunkt der Herleitung alles Militärischen steht. Als Athener verstehen Soldatinnen und Soldaten ihre Aufgabe im Eintreten für Grundwerte und Leitbilder wie Menschen-

---

[3] Bohnert, 2017a; Stoltenow, 2017; Lünenborg, 2018, S. 40ff.

[4] Ins Deutsche übersetzt: „Wollen wir eine Armee, die die Gesellschaft reflektiert oder eine, die kämpfen kann? Wir können nicht beides haben." (The Telegraph, 5 January 2018). Tim Collins war in seiner aktiven Dienstzeit zuletzt Oberst der British Army. Als Bataillonskommandeur erlangte er durch eine Rede am Vorabend der Irak-Invasion 2003 weltweite Bekanntheit.

würde, Gerechtigkeit, Gleichheit, Solidarität und Demokratie. Für die Erfüllung der vielschichtigen Aufgaben wird ihnen unter anderem Einfühlungsvermögen, diplomatisches Fingerspitzengefühl, Kommunikations- und Kontaktfreude, Ambiguitäts- und Frustrationstoleranz sowie ganzheitliches Urteilsvermögen abverlangt.[5]

Hingegen liefert Sparta das Sinnbild für eine umweltverschlossene, elitäre und selbstbezogene Kriegergesellschaft. Durch die Fokussierung auf das Gefecht erwarten die Vertreter dieser Denkschule von Soldatinnen und Soldaten vor allem eine ausgeprägte Kampfmoral, Charakterfestigkeit und militärhandwerkliche Professionalität. Zeitlose soldatische Werte und tugendhaftes Verhalten werden als Fundamente für die Bewährung im Kampf betrachtet.[6]

Der Idealtyp des Atheners deckt sich weitgehend mit dem Konzept der Inneren Führung. Da sich während des Afghanistan-Einsatzes allerdings viele Soldatinnen und Soldaten mental offenkundig im Bereich Spartas wähnten, hat sich das alte Kämpferideal inzwischen seinen Weg zurück in den Geist der Bundeswehr gebahnt. Auch wenn die Erlebniswelt im Kampfeinsatz gute Begründungen für ein spartanisches Selbstverständnis lieferte, erschwert die belastete deutsche Militärgeschichte es den Vertretern dieser Denkschule, ihre Position allzu offen zu vertreten. Sie leitet sich eben nicht aus der politischen und gesellschaftlichen Einbettung, sondern über das Kämpfen als professionell zu erledigendem Auftrag ab. Als primär auf den Kampf bezogene Disposition löst sie in der eher pazifistisch orientierten deutschen Gesellschaft erhebliches Unbehagen aus.

Die pauschale Pathologisierung Spartas ist jedoch schwierig, weil es der geistigen Verortung gerade derer entspricht, die im Auslandseinsatz große Opfer erbracht haben. Zu-

---

[5] Vgl. Wiesendahl, 2010, S. 34ff.
[6] Vgl. Wiesendahl, 2010, S. 43ff.

dem erscheinen die außerordentlich hohen Anforderungen an Athener überidealistisch, da sie letztlich eine enorm leistungsstarke und zum Gemeinwesen abgegrenzte Elite beschreiben.[7] Das athenische Modell erschwert damit paradoxerweise eines der wichtigsten Ziele der Inneren Führung – einer Integration von Bundeswehr und Gesellschaft.[8]

Die beschriebene Situation bietet Anlass genug, die Innere Führung und ihr zentrales Element – das Leitbild des »Staatsbürgers in Uniform« – auf den Prüfstand zu stellen und ihrer Bewährung in den Auslandsmissionen der Bundeswehr auf den Grund zu gehen.

Unter der Lupe: Führungskultur im Afghanistan-Einsatz der Bundeswehr

In diesem Abschnitt werden drei Bereiche der Inneren Führung in ihrer praktischen Bewährung beleuchtet. Herausgestellt werden (a) ein Aspekt der Bewährung, (b) ein Aspekt des Versagens und (c) ein zwischen diesen Polen liegender Bereich. Bezugspunkt ist dabei die intensive Phase des Afghanistan-Einsatzes der Bundeswehr, die zwischen 2007 und 2011 verortet werden kann.[9] In dieser Zeit waren deutsche Kräfte mit einer Vielzahl von Anschlägen und Gefechten konfrontiert. Die Relevanz der Inneren Führung wurde angesichts der eskalierenden Lage gerade in den unmittelbar betroffenen Einheiten und Verbänden zunehmend infrage gestellt.[10]

---

[7] Vgl. Böcker, 2014, S. 232ff.

[8] Das Leitbild des Staatsbürgers in Uniform steht als zentrales Element der Inneren Führung sinnbildlich für dieses Integrationsbestreben.

[9] Vgl. Mann, 2014, S. 145ff.; Lindemann, 2015, S. 26ff.; Seiffert, 2016.

[10] Vgl. Beardsley, 2017; Beckmann, 2015; Bohnert, 2017a; Bowlby & Levinson, 2017; Edinger, 2015; Meißner, 2015; Naumann, 2017; Rommeney & Marx, 2015; Schröder, 2014; Stoltenow, 2017; Wagner, 2016; Weigelt, 2013; Wiesendahl, 2016.

Bewährung der Inneren Führung in Afghanistan: Verhinderung von Kriegsgräuel

> *„Das eigene Gewissen wird durch die Einkleidung in die Uniform keineswegs zum Schweigen verurteilt.“* [11]
>
> *„Du wirst allmählich gnadenlos, weil die Feinde auch keine Gnade kennen. Er wurde kein Pardon gegeben – es war barbarisch. [...] Nach einer Weile bröckelte die Fassade der Zivilisation.“* [12]

Die Schöpfer der Inneren Führung waren überzeugt davon, dass Kriege die Tendenz zur Radikalisierung in sich tragen und in ihrem Verlaufe hemmungsloser werden. Die Gefahr, den Denkstil und perfide Kampfmethoden von Gegnern zu übernehmen hielten sie im Lichte historischer Erfahrungen für allgegenwärtig. Daraus leiteten sie die Notwendigkeit einer Führungsphilosophie ab, die Soldaten der freiheitlichen Welt robust genug machte, den sozialen Mechanismen von Kriegen nicht zu erliegen. Um einer Fanatisierung und blindem Gehorsam Grenzen setzen zu können, schienen eine durch ethische Bildung gefestigte sittliche Urteilskraft, moralische Standhaftigkeit und eine Schärfung des Gewissens erforderlich.

---

[11] Evangelisches Kirchenamt der Bundeswehr, 2009, S. 177.

[12] Ein amerikanischer Soldat in einem Interview zu seinen Erfahrungen im Zweiten Weltkrieg (Vgl. Terkel, 1991, S. 71). Bei dieser Aussage ist zu berücksichtigen, dass der Zweite Weltkrieg sowohl qualitativ als quantitativ nicht ohne weiteres mit den Gefechtserfahrungen in Afghanistan verglichen werden kann. Das illustrative Zitat wurde hier dennoch gewählt, um die möglichen Folgen einer regellosen Entgrenzung militärischer Gewalt aufzuzeigen.

Es gibt etliche historische und aktuelle Beispiele für die Verrohung im Kampfgraben und die schleichende Normalisierung des Tötens in kriegerischen Auseinandersetzungen. Auch die Charakteristika sogenannter Neuer Kriege bieten durch ein hohes Maß an Ungewissheit und heimtückisch kämpfende Feindkräfte einen guten Nährboden für Misstrauen, Frustration, Wut und Rachegefühle.

Die Innere Führung hat vermutlich einen entscheidenden Anteil daran, dass die humanistischen Wertmaßstäbe unserer Soldatinnen und Soldaten auch in Extremsituationen in angemessenem Umfang erhalten blieben. Exzesse und Entgrenzungen wie die ungezügelte Mordlust des amerikanischen »Kill Teams«, das willkürlich afghanische Zivilisten in Kandahar tötete, das Quälen von Gefangenen wie im irakischen Abu Ghraib oder das gemeinschaftliche Urinieren von Militärs auf die Leichen von getöteten Aufständischen sind über die deutschen Streitkräfte nicht bekannt geworden.

Der durch das Primat des Zivilen justierte ethische und moralische Wertekompass konnte offenbar stärkere Gewaltzurückhaltung habitualisieren und derartige Ereignisse in größerem Umfang verhindern. Deutsche Soldatinnen und Soldaten waren augenscheinlich so sozialisiert, dass übertriebene Brutalitäten eingedämmt, eine gewisse Mäßigung des Kampfes gewährleistet und einer völligen Enthemmung entgegengetreten werden konnte.

Als mündige Staatsbürger reflektierten und prüften sie ihr Handeln gemäß den Grundsätzen der Inneren Führung anscheinend tatsächlich nicht nur unter militärischen, sondern auch unter ethischen und moralischen Gesichtspunkten. So schien die Konzeption in Afghanistan als wichtiger Werteanhalt dafür geeignet zu sein, einer zügellosen Entfesselung militärischer Gewalt Einhalt gebieten zu können.

Zwischen Bewährung und Versagen der Inneren Führung in Afghanistan: Fürsorge für Soldatinnen und Soldaten

Die Fürsorge für Soldatinnen und Soldaten zählt zu den wesentlichen Gestaltungsfeldern der Inneren Führung. Es gibt zudem eine durch das Soldatengesetz definierte Fürsorgepflicht, die – allgemein gesprochen – das ständige Bemühen umfasst, Untergebene vor Schaden und Nachteilen zu bewahren.

In den in Afghanistan eingesetzten Verbänden und Einheiten gab es über alle Dienstgradgruppen hinweg unzählige Beispiele für eine umfassende und ehrlich gelebte Fürsorge. Ob es um die Versorgung mit Lebensmitteln und Kommunikationsmöglichkeiten, die Gewährung von entlastendem Freizeitausgleich oder die über Formalitäten hinausgehende Hilfe bei persönlichen Problemen war – der Fürsorgegedanke schien gerade auf der Arbeitsebene stark ausgeprägt zu sein und hat in vielen Bereichen ein kameradschaftliches Miteinander bei der Bewältigung des Einsatzes ermöglicht.

Darüber hinaus konnten sich Soldatinnen und Soldaten auf eine exzellente sanitätsdienstliche Versorgung verlassen und auf eine umfassende Unterstützung durch Militärseelsorger und Truppenpsychologen zurückgreifen. Selbst für die Betreuung ihrer Familienangehörigen gab es an den heimischen Kasernenstandorten Zentren und Ansprechpartner.

Erweitert man das Verständnis von Fürsorge vertikal, lassen sich andererseits Belege dafür finden, dass es durchaus auch praktische Schwächen und Umsetzungsschwierigkeiten gab: Die kontinuierliche Ausweitung des Mandates und die ununterbrochen hohe Auftragsdichte im Heimatdienst in Verbindung mit permanentem organisationalen Reformstress hat insbesondere das Deutsche Heer zeitweise an seine Belastungsgrenze herangeführt. Bürokratie, Materialengpässe bei Waffen und Großgerät und parallel zur Ausbildung laufende Lehrgänge haben schon die Einsatzvorbereitung erschwert und sie für einige Soldatinnen und Soldaten zu einer regelrechten Hetzjagd an der Grenze des Verantwortbaren werden lassen.

Auch die negativen Auswirkungen der hohen Belastungen auf die psychische Gesundheit und das Familienleben schon im Vorfeld von Auslandseinsätzen wurden oft ignoriert oder unterschätzt. Die Schaffung angemessener zeitlicher und inhaltlicher Rahmenbedingungen für die Einsatzvorbereitung offenbarte gerade in der Hochphase der Kontingenteinsätze einigen Nachbesserungsbedarf.

Zudem waren Politik und Bundeswehr in Bezug auf die wachsende Gruppe der Einsatzrückkehrer mit einer Reihe von Problemen konfrontiert, auf die sie nicht ausreichend vorbereitet waren. Hinterbliebene, Verwundete und Traumatisierte wurden oft mit einem überforderten Umfeld konfrontiert, in dem sie sich im Kampf um ihre legitimen Ansprüche allein gelassen fühlten. Erst mit Initiativen wie dem Lotsen-Konzept zur Begleitung Einsatzgeschädigter, der Ansprechstelle für Hinterbliebene, dem Psychotraumazentrum der Bundeswehr, Sporttherapieprojekten für Einsatzversehrte oder dem Einsatzweiterverwendungsgesetz wurden Grundlagen geschaffen, die einen würdigen Umgang und eine adäquate Versorgung sicherstellen konnten. Zwar lässt die Integration dieser Maßnahmen in einem umfassenden Veteranenkonzept weiter auf sich warten, es gilt jedoch positiv anzuerkennen, dass die Bundeswehr in den letzten Jahren eine rasante Entwicklung vollzogen und sich umfassend modernisiert hat.

Scheitern der Inneren Führung in Afghanistan: Realitätsverweigerung und Schönfärberei

Die Innere Führung fordert von Bundeswehrangehörigen unter anderem Verantwortungsgefühl, die Berücksichtigung der Belange und Bedürfnissen von Untergebenen, gewissensgeleiteten Gehorsam und gewissenhafte Pflichterfüllung sowie das Bewusstsein des gegenseitigen Treueverhältnisses zwischen Staat und Soldat. Soldatinnen und Soldaten sollen darüber hinaus wahrhaftig gegenüber sich und anderen sein.

Der wohl schwerste Vorwurf, den sich die Innere Führung mit Blick auf den Afghanistan-Einsatz gefallen lassen muss, ist der der Blindheit gegenüber den Veränderungen der Sicherheitslage während der Mission. Entgegen der Kriegsrealität, die deutsche Truppen seit spätestens 2007 erfahren mussten, gab man sich in der Heimat unverändert der Illusion eines humanitär orientierten Friedenseinsatzes hin, in dem Soldatinnen und Soldaten vor allem Schulen bauten und Brunnen bohrten. Auf politischer und höherer militärischer Ebene wurde trotz der allgemeinen Lageverschärfung im deutschen Verantwortungsbereich lange versucht, das blumige Bild von Bundeswehrangehörigen als bewaffnete Entwicklungshelfer aufrecht zu erhalten.

Damit einher ging eine Vorsicht politischer und militärischer Entscheidungsträger, die nicht nur eine effektive Bekämpfung von Aufständischen verhindert hat, sondern auch Unruhe und Irritationen unter Soldatinnen und Soldaten an der Basis auslöste. Auch wenn dabei oft der Schutzgedanke für die eigenen Truppen zu Grunde gelegen haben mochte: Ein »Kampf mit angezogenen Zügeln« – sei es in Bezug auf Großgerät, Einsatzregeln oder die geistige Prägung – gefährdete Einsatzkräfte am Ende häufig mehr, als dass er ihnen half:

Ausrüstung, Ausbildung und Material wurden über Jahre nur halbherzig und inkonsequent an die reale Lage am Hindukusch angepasst. So haben Einsatzsoldatinnen und -soldaten häufig dringend benötigte Ausrüstungsgegenstände wie ballistische Splitterschutzbrillen, Plattenträgerwesten oder Helme für Fahrzeugbesatzungen privat finanzieren müssen.

Auch die Entscheidungen zum Einsatz militärischer Gewalt erfolgten über lange Zeit nur zögerlich: Als etwa zum Jahreswechsel 2006/2007 die ersten deutschen Schützenpanzer Afghanistan erreichten, stand ihr Einsatz noch unter direktem Vorbehalt des Generalinspekteurs der Bundeswehr. Es sollte noch knapp zweieinhalb Jahre dauern, bis sie das erste Mal in einem Gefecht eingesetzt wurden. [13]

Noch Ende 2007 wurden die Namen und Todesumstände der in Afghanistan gefallenen Soldaten – seinerzeit noch euphemistisch mit »einsatzbedingt ums Leben gekommen« umschrieben – von offizieller Seite verschwiegen. Auch weitere semantische Verrenkungen wie die Qualifizierung des Afghanistan-Engagements als »Stabilisierungseinsatz«, »nicht-internationaler bewaffneter Konflikt«, »kriegsähnlicher Zustand« bis hin zu »umgangssprachlich Krieg« und diesbezügliche terminologische Debatten mögen juristisch begründet sein, wirkten angesichts existentiell bedrohlicher Situationen auf Einsatzkräfte allerdings ausgesprochen befremdlich und haben das Vertrauen in die politische Leitung und die militärische Führungsspitze untergraben.

Die vorherrschende Kultur der Bundeswehr war offensichtlich darauf ausgerichtet, den Wunsch der Politik zu erfüllen, die »Defensiv-Legende« zu nähren und den unpopulären Eindruck eines Krieges zu vermeiden. Es fehlte ganz offenkundig an Mut und dem Willen zur Offenheit und Ehrlichkeit gegenüber Politikern und höheren Vorgesetzten.

Die Stabilisierungsmissionen der 1990er Jahre hatten zudem eine »Balkanisierung« des organisationalen Denkens bewirkt und aktuelle Lageeinschätzungen nachhaltig verklärt. Verstärkt durch ihr zivil geprägtes Selbstverständnis waren viele Soldatinnen und Soldaten nicht fähig oder willens, die drastische Intensivierung der Situation für die

---

[13] Vgl. Bohnert & Neumann, 2017, p. 21f.; Bohnert, 2017a, S. 97ff.

Bodentruppen in Afghanistan wahrzunehmen und anzuerkennen. Die Leidtragenden waren am Ende die Einsatzsoldatinnen und -soldaten im Kampfgebiet.

Erst nach einem knappen Jahrzehnt der Ignoranz hatte die Politik begonnen, sich die kriegerische Realität des Afghanistan-Einsatzes einzugestehen: Unter Karl-Theodor zu Guttenberg, der sein Amt als Verteidigungsminister ab Ende 2009 bekleidete, vollzog sich ein spürbarer Wandel in den offiziellen Darstellungen. Guttenberg räumte Fehler in der Informationspolitik ein und sprach offen und klar von der Notwendigkeit offensiver militärischer Operationen in Afghanistan und den damit verbundenen Gefahren.

Das brachte ihm zwar den Vorwurf übertriebener Pathetik ein, aber auch den tiefen Respekt der Einsatzsoldatinnen und -soldaten. Mit aufrichtigen Trauerreden oder Initiativen wie der Einführung der »Einsatzmedaille Stufe Gefecht« bemühte sich zu Guttenberg zudem um nach außen sichtbare Zeichen zur Anerkennung der gewandelten Einsatzrealität. Er brach damit auch die bundeswehrinternen Verdrängungsmechanismen auf und wirkte überaus positiv auf die Kampfmoral und den Einsatzwert der Truppe.

4 Das Grundproblem der mangelhaften Integration der Bundeswehr in die deutsche Gesellschaft

„Wir leben in einer zutiefst pazifistischen Gesellschaft mit einer Grundskepsis gegenüber allem Militärischen."[14]

Thomas de Maizière

Diese Aussage des damaligen Bundesministers der Verteidigung beschreibt eines der grundlegenden Probleme der Inneren Führung. Eines ihrer wesentlichen Ziele ist es, die Einbindung der Bundeswehr in Staat und Gesellschaft zu erhalten und zu fördern. Dennoch begleitet tausende Soldatinnen und Soldaten während ihrer Einsätze das immerwährende Gefühl von der politischen Leitung unzureichend unterstützt und von der deutschen Öffentlichkeit nicht wahrgenommen zu werden.

Auch wenn die militärsoziologische Umfrageforschung immer wieder das Gegenteil zu belegen sucht[15], war gerade die Klage von in existentiellen Kämpfen befindlichen deutschen Kräften über die mangelnde Anerkennung in der Heimat ununterbrochen zu vernehmen. Viele Heimkehrer und Einsatzveteranen haben das Gefühl, für eine Gesellschaft den Kopf hingehalten zu haben, in der sie nun alleingelassen und als Fremdkörper wahrgenommen werden.

Es ist kein Geheimnis, dass unsere friedensgewohnte deutsche Bevölkerung unkomfortable Kriegsthemen gern aus dem öffentlichen Raum verdrängt und weder die Bundeswehreinsätze noch deren Folgen als kollektives Schicksal empfindet. Das gemeinsame Bedrohungsgefühl während des Kalten Krieges ist im Lichte kaum spürbarer Aus-

---

[14] Lohse & Wehner, 2013, S. 3.

[15] Nachzulesen u.a. im Beitrag von Christian Bauer in diesem Buch.

landsmissionen schleichend einer allgemeinen Indifferenz gewichen. Dabei sind offizielle Gesten der Verbundenheit durch die Politik, Kirchen und Interessenverbände etwas anderes, als eine ehrliche und breite gesellschaftliche Anteilnahme und Akzeptanz. Insbesondere Kampfeinsätze kommen in der friedensgesellschaftlichen Logik einem Tabubruch gleich und stoßen – so sie überhaupt wahrgenommen werden – auf erheblichen Widerstand.

Eine militärskeptische Haltung der deutschen Bevölkerung mag historisch nachvollziehbar sein. Sie droht jedoch zu einer tiefen Entfremdung beizutragen, wenn die Bundeswehr gemäß politischer Vorgaben weltweit an militärischen Einsätzen teilnimmt. Und das tut sie inzwischen seit über 25 Jahren.

Es stellt sich die Frage, ob die von der Inneren Führung angestrebte Verankerung der Bundeswehr in der Gesellschaft als Einbahnstraße funktionieren kann. Weicht die soldatische Realität erheblich vom Leitbild des »Staatsbürgers in Uniform« ab und lässt die Gesellschaft dauerhaft kein Interesse an ihren Soldatinnen und Soldaten erkennen, werden sich diese – identitätssichernd – ihr eigenes Leitbild schaffen und diesem folgen. Eine solche »Leitbildselbstkonstruktion« ebnet einem Kämpferpathos und einem Selbstverständnis den Weg, das sich als Kontrapunkt zur Gesellschaft versteht. Die eingangs beschriebene Zuwendung kampferfahrener Einsatzkräfte zum spartanischen Ideal ist unmittelbare Folge dieser allgemeinen Gleichgültigkeit.

Es erscheint zuvorderst als Aufgabe der Regierung, Soldatinnen und Soldaten in der Gesellschaft aktiv zu mehr Geltung zu verhelfen und damit den wechselseitigen Integrationsanspruch der Inneren Führung mit Leben zu füllen. Bundeswehrangehörige haben insbesondere ein Anrecht darauf, dass die politische Leitung der Bevölkerung vermittelt, unter welchen Rahmenbedingungen, mit welchem Ziel und in welcher Intensität Auslandseinsätze stattfinden.

Darüber hinaus müssen aber auch Soldatinnen und Soldaten selbst den Brückenschlag in Richtung Gesellschaft aktiv vorantreiben. Im Folgenden sollen zwei unterschiedliche Wege aufgezeigt werden, auf denen das gelingen kann.

Die schweigende Generalität – Militärische Beteiligung am öffentlichen Diskurs

Über Jahrzehnte hinweg fand sich die Bundeswehr in einer Rolle, in der öffentliche Meinungsäußerungen als nicht legitim angesehen wurden, obwohl sie eine wesentliche Eigenschaft des »Staatsbürgers in Uniform« darstellen. Das hatte einen erheblichen Raumverlust des Militärs im gesellschaftlichen Diskurs zur Folge.

Dass sich gerade die hohe militärische Führung öffentlich stark zurückhält und sich regelmäßig erst nach der Pensionierung kritisch äußert, hat ihr den Ruf der »schweigenden Generalität« eingebracht. Diese Zurückhaltung beruht neben der verfassungsgemäßen Selbstbeschränkung des Militärs und der wahrgenommenen Illegitimität politischer Einmischung wohl vor allem auf einer dem Karriereverlauf dienlichen Systemkonformität. Das aufstrebende Spitzenpersonal der Bundeswehr sieht sich dem Anpassungsdruck der militärischen Hierarchie ausgesetzt und äußert sich im Zweifelsfalle lieber nicht. Demgegenüber stellen sich die Forderung der Inneren Führung nach mündigen Staatsbürgen und das Ideal des eigenverantwortlichen, gebildeten Offiziers wie inhaltslose Worthülsen dar.

Es ist kaum anzunehmen, dass Spitzenmilitärs nicht substanzielle und auch für die breite Öffentlichkeit wertvolle Beiträge zu sicherheitspolitischen Fragestellungen leisten könnten. Ihre Stimme nicht zu hören und sie von der Gesellschaft abzuschotten, ist eine höchst bedauerliche Vergeudung fachlicher Kompetenz.[16] Was die Bundeswehr hier braucht ist keine technokratische Funktions-, sondern eine integre Verantwortungselite, die sich auch nach außen wahrnehmbar als solche präsentiert. Viele Soldatinnen und Soldaten wünschen sich von ihren militärischen Vorgesetzten einfach mehr Mut zu Verantwortungsübernahme und Widerspruch – insbesondere im Angesicht eines Zustandes der Bundeswehr, der als „historische[r] Tiefpunkt"[17] bezeichnet werden kann.

Vereinzelt gab es auch in den letzten Jahren immer wieder Spitzenmilitärs, die sich außerhalb des offiziellen dienstlichen Rahmens öffentlich äußerten: Als sich der heutige Generalleutnant Erhard Bühler 2011 als Kommandeur der Kosovo Forces in einem sicherheitspolitischen Blog in die Diskussion um die eskalierende Lage im Norden des Landes einmischte, war das allgemeine Erstaunen groß. Kurz darauf äußerte Generalleutnant Roland Kather, seinerzeit deutscher Vertreter im Militärausschuss der NATO, im selben Blog für wie wichtig und hilfreich er Bühlers Klarstellungen hielt. Die Online-Community und andere Medien reagierten positiv überrascht auf diese neue Form der Beteiligung, während aus dem Verteidigungsministerium lediglich ein knappes „Dass ein General gebloggt hat, wird zur Kenntnis genommen" zu hören war.[18]

Als der damalige Inspekteur der Luftwaffe, Generalleutnant Karl Müllner, sich 2012 öffentlich in die sicherheitspolitische Drohnendebatte einschaltete und bewaffnete Drohnen als militärisch sinnvoll bezeichnete, entgegnete ihm der FDP-Abgeordnete Jürgen Koppelin einige Tage später im Deutschen Bundestag, dass „es schlicht und ergreifend

---

[16] Vgl. Neitzel, 2017.

[17] Neitzel, 2017.

[18] Vgl. www.augengeradeaus.de [Eintrag vom 2. August 2011]; s.a. www.bendler-blog.de [Eintrag vom 3. August 2011].

nicht seine Aufgabe [sei], in die Öffentlichkeit zu treten und das zu fordern".[19]

Generalmajor Walter Spindler, der seinen Dienstposten als Kommandeur des Ausbildungskommandos Heer in Zusammenhang mit Verfehlungen von Soldaten in Pfullendorf und Sondershausen räumen musste[20], äußerste sich Mitte Juni 2017 – seinerzeit als zwangsbeurlaubter, aber noch aktiver Offizier – im Fernsehprogramm des Bayerischen Rundfunks kritisch gegenüber der Bundesministerin der Verteidigung. Seine Wortmeldung erregte jedoch nur wenig Aufsehen und wurde auch von offizieller Seite nur indirekt kommentiert, indem man zwar auf inhaltliche Problemstellungen einging, nicht aber auf die Tatsache, dass ein Offizier im Generalsrang sich öffentlich geäußert hatte. Eine knappe Woche später nahm das ZDF seine Stellungnahme noch einmal auf und verband sie mit der nun neuen Information, dass der Generalmajor wegen des Umgangs mit seiner Person eine Eingabe an den Wehrbeauftragten des Deutschen Bundestages übersandt hatte. Der Zenit der Debatte um die Bundeswehrskandale 2017 war zu dieser Zeit allerdings schon um einige Wochen überschritten, weshalb es auch darauf nur verhaltene Resonanz gab.

Als scheidender Kommandeur des größten Einsatzverbandes der Deutschen Marine hielt Kapitän zur See Jörg-Michael Horn im März 2018 eine öffentliche Abschiedsrede, bei der er die Bundesministerin der Verteidigung und die Außendarstellung der Bundeswehr als Arbeitgeber wie jeder andere scharf kritisierte.[21] In einer darauffolgenden Stellungnahme ließ der Inspekteur der Marine über seinen Sprecher ausrichten, dass der Kapitän zur See wegen seiner Rede keine Konsequenzen befürchten müsse. Seinen

---

[19] Vgl. Dawidzinski, 2012.
[20] Vgl. Bohnert, 2017b, S. 8; Seliger, 2017, S. 4.
[21] Vgl. Hemicker, 2018a.

Dienst als Referatsleiter im Bundesamt für Personalmanagement trat er wenige Tage später wie geplant an.[22]

Um die generelle Lücke im Austausch von Bundeswehr und Gesellschaft zu füllen, mischten sich seit Beginn der 2000er Jahre vermehrt jüngere und einsatzerfahrene Soldatinnen und Soldaten kritisch in den öffentlichen Diskurs ein. Zu ihnen zählen unter anderem Buchautoren wie Oberstabsgefreiter Johannes Clair (»Vier Tage im November«), Oberfeldwebel Robert Sedlatzek-Müller (»Soldatenglück«) oder die »Leutnante 2014« (»Armee im Aufbruch«). Die teils pikierten oder ausbleibenden Reaktionen auf die neuerliche Beteiligung dieser Soldatinnen und Soldaten am militärpolitischen Diskurs haben gezeigt, dass man sie gemeinhin noch als Einmischung Unzuständiger empfindet oder ihnen keine besondere Bedeutung zukommen lässt. Auf höherer Ebene sorgt man sich zudem offenkundig um die Deutungshoheit militärischer Sachverhalte. Offizieller Anspruch der Inneren Führung und gelebte Wirklichkeit liegen an dieser Stelle ein ganzes Stück auseinander. Das Signal, bequeme und angepasste Meinungsäußerungen zu erwarten, hat Schwächen des Konzeptes offenbart und die Zweifel am Verständnis und an der praktischen Bedeutung weiter gestärkt.

Ein ausgeprägtes Sendungsbewusstsein von Soldatinnen und Soldaten ist jedoch ein wichtiger Faktor dafür, die vielbeklagte Kluft zwischen Militär und Gesellschaft aktiv schließen zu können. Durch Einblicke in die Binnenperspektive kann die Bundeswehr für Außenstehende erfahrbar und erlebbar werden. Von der hohen Führungsspitze bis zum einfachen Rekruten sollten sie weiter dazu animiert werden, sich am öffentlichen Diskurs zu beteiligen, Einsatzerfahrungen zu publizieren oder auch einfach nur ihre Uniform außerhalb von Kasernenanlagen zu tragen.

---

[22] Vgl. Hemicker, 2018b.

Statt in der beruflichen Nische, bequemer Lethargie und Beschwerden über mangelndes Ansehen zu verharren, müssen auch sie ihre Stimme offensiv in die Debatte um den gesellschaftlichen Stellenwert der Armee einbringen. Sie können damit einen wichtigen Beitrag zur Austarierung des Beziehungsverhältnisses von Politik, Gesellschaft und Militär leisten und so wesentlichen Forderungen der Inneren Führung gerecht werden.

Endlich im Wandel – Außendarstellung und Bewerbermarketing der Bundeswehr

In den letzten Jahren gab es immer wieder Kritik an den Werbemaßnahmen der Bundeswehr. Die meisten Kampagnen schienen die Besonderheiten des Soldatenberufes bewusst auszublenden und mit Berufsfacetten zu werben, die ihn wie einen Job unter vielen anderen erscheinen ließen.

Kampagnen, die zur Anwerbung des Nachwuchses Primärbotschaften wie »Nicht jeder trägt bei uns Uniform« oder »Studieren bei vollem Gehalt« nutzen, bergen die latente Gefahr, auf lange Sicht zur Schwächung der Bundeswehr beizutragen. Nicht nur, dass sie bei der Bevölkerung ein verzerrtes Bild des Auftrages und der Einsatzrealität der Streitkräfte erzeugen. Sie können auf das unverzichtbare Bewerberklientel für die kämpfenden Truppenteile auch abschreckend wirken.[23]

Will die Bundeswehr demografiefest werden und sich als Arbeitgebermarke langfristig im »War for Talents« behaupten, sollte sie sich gerade mit ihrer Andersartigkeit gegenüber der Konkurrenz positionieren. Ein gewisser Exklusivi-

---

[23] Zu den Kampftruppen werden im Allgemeinen die entsprechenden Truppengattungen des Heeres (Panzergrenadiere, Panzertruppe, Fallschirmjäger, Gebirgsjäger, Jäger, teils auch Aufklärungskräfte), der Marine (Marinesicherungsdienst) und der Luftwaffe (Luftwaffensicherungstruppe) sowie das Kommando Spezialkräfte und spezialisierte Kräfte der Bundeswehr gezählt.

tätsstatus und die Wahrnehmung als privilegierte Berufsgruppe können für potenzielle Bewerber ganz sicher reizvoll sein. Die Kombination von Berufsspezifika wie der Tapferkeitspflicht, dem Korpsgeist, einer Gedenk- und Symbolkultur, der sozialen Absicherung, der Normen- und Wertebindung, dem Entbehrungsreichtum oder die exzellenten Ausbildungs- und Verwendungsmöglichkeiten machen die Bundeswehr zu einem besonderen Arbeitgeber mit einigen Alleinstellungsmerkmalen und einer soliden Wertebasis.

Institutionalisierte Tabus in der Außendarstellung sollten deshalb einem offenen Umgang mit Themen wie Auftrag, Einsatz und Risiko weichen. Entgegen verbreiteter Ängste können sich selbst Auslandseinsätze wie der in Afghanistan und eine hohe Kampfmoral in der Truppe als Attraktivitätskriterien für junge Menschen erweisen und das Prestige des Berufes steigern. Der deutschen Öffentlichkeit sollte diese Ehrlichkeit zugemutet werden können – potenziellen Bewerbern gegenüber ist sie auch eine moralische Verpflichtung.

Wenn das nach außen kommunizierte Bild der Bundeswehr zudem nicht weitgehend mit der organisationsinternen Realität übereinstimmt, ergeben sich zudem im Binnenbereich Glaubwürdigkeits- und Motivationsdefizite und damit gravierende Nachteile für die Personalbindung. Primäre Aufgabe aller Informations- und Kommunikationsbemühungen muss auch deshalb die Zufriedenheit und das Verständnis des eigenen Personals sein. Nur zufriedene Mitarbeiterinnen und Mitarbeiter kommunizieren positiv über ihr Unternehmen und erzielen damit wichtige Multiplikatoreneffekte in der Nachwuchswerbung.

Die anhaltende Unzufriedenheit der Truppe mit der eigenen Außendarstellung, der kontinuierliche Spott der Medien sowie die angestrebte »Trendwende Personal«, durch die der Personalumfang der Bundeswehr bis 2024 um fast

20.000 Soldatinnen und Soldaten erhöht werden soll, haben inzwischen offensichtlich ein Umdenken angestoßen, das seit einigen Monaten in den Imagekampagnen der Bundeswehr zutage tritt.

Exemplarisch für den eingeleiteten Wandel stehen die YouTube-Serie »Mali« und die sie begleitenden Marketingmaßnahmen. Nachdem die Vorgängerserie »Die Rekruten« im Jahre 2016 auf überraschend große Resonanz stieß, wurde Ende 2017 der Startschuss für eine vierzigteilige Reihe aus dem Einsatzgebiet der Truppe im westafrikanischen Mali gegeben. Für die Bewerbung stand ein Millionenbudget zur Verfügung. Unter anderem wurde mit eigens für das Kino gefertigten Spots geworben und es fanden umfangreiche Plakatierungen in deutschen Großstädten statt. Verantwortlich dafür zeichnet sich ein eigens für das Image der Bundeswehr zuständiges Referat im Bundesministerium der Verteidigung, an dessen Spitze der Beauftragte für die Kommunikation der Arbeitgebermarke Bundeswehr steht.[24]

Auch wenn die Zuschauerzahlen von »Mali« hinter denen der »Rekruten« zurückblieben, stieß die Serie einige Diskussionen an und rief insgesamt ein zustimmendes Echo hervor. Insbesondere wurde der authentische Blick in verschiedene Facetten des Einsatzrealität, der auch unangenehme und langatmige Phasen der Mission nicht ausblendete, positiv bewertet. Dass die Serie auch auf Kritik seitens der Bevölkerung treffen würde, war absehbar und zeigte sich neben einigen empörten Äußerungen von Journalisten und Politikern[25] u.a. auch in der Verunstaltung von Werbematerialien:

---

[24] Vgl. Pütz & Bohnert, 2019.
[25] Vgl. Stresing & Gebauer, 2017.

Wirft kein gutes Licht auf die Integration der Bundeswehr in die deutsche Gesellschaft: »Ziviler Ungehorsam« gegen Werbeplakate der Mali-Serie am Berliner Hauptbahnhof. Der »Täter« stellte die Fotos seiner Aktion bei Facebook online und forderte andere Nutzer auf, seinem Beispiel zu folgen.

Diesen Protest, bei dem Aktivisten ein Mali- in ein Bali-Plakat mit dem Slogan »Do surf, not war! (Gehe surfen, nicht in den Krieg!)« umgewandelt hatten, banden die Werbestrategen der Bundeswehr geschickt in ihr Marketing ein.

Auch die auf die Mali-Serie folgende Offizierkampagne, die Anfang Dezember 2017 gestartet wurde, hat mit Slogans wie »Nicht jeder Manager sitzt am Schreibtisch« oder »Nicht jede Führungskraft arbeitet im Büro« die Alleinstellungsmerkmale des Soldatenberufes betont.

Auch bei der von Dezember 2017 bis Februar 2018 ausgespielten Offizierkampagne gab es sichtbaren Widerstand aus der Bevölkerung gegen das »Werben für's Sterben«, wie Kriegsgegner das Marketing der Bundeswehr bezeichnen. Hier zu sehen ist ein großflächig zerrissenes Werbeplakat in Berlin.

Im Mai 2018 hat eine Aktion im Stile des »Guerilla Marketings« für mediales Aufsehen und einigen Wirbel in sozialen Netzwerken gesorgt: Weil uniformierte Soldatinnen und Soldaten von der bedeutendsten europäischen Netzkonferenz re:publica ausgeschlossen wurden, fuhr zum Messebeginn ein Coollite-Truck mit einem Plakat vor, auf dem »Zu bunt gehört auch grün« zu lesen war. Zudem verteilten eine handvoll Uniformierter mit Flecktarnanzug Postkarten, mit denen sie zur Diskussion über den Ausschluss der Bundeswehr von der Veranstaltung aufforderte.[26] Die medialen Reaktionen waren breit gefächert und zeigten erneut eine tiefsitzende Unbehaglichkeit von Teilen der deutschen Bevölkerung im Umgang mit dem Militär.

#uniformgate: Am Eingangsbereich der re:publica diskutierten am 2. Mai 2018 Soldaten in Uniform mit Besuchern der Messe über ihren Ausschluss. Auf den durch sie verteilten Postkarten wurde dabei zu einer weiterführenden Diskussion bei Facebook aufgefordert.

---

[26] Vgl. Schillat & Thissen, 2018; Bohnert & Pütz, 2018; Pointer, 2018; Wirsching & Bohnert, 2019.

Diskussion vor der re:publica: Nachdem Friedensaktivisten begonnen hatten, den Truck der Bundeswehr mit Friedenstauben-Aufklebern zu bekleben, entwickelte sich eine hitzige Debatte.

Zukünftige Projekte zum Imageaufbau der Bundeswehr – derzeit noch nicht zur öffentlichen Bekanntgabe bestimmt – versprechen weiterhin viel Authentizität und bergen zusätzlich das Potenzial, umfangreiche Debatten auszulösen. Die neuen Alternativen zur Außendarstellung der Streitkräfte erfordern angesichts verbreiteter gesellschaftlicher und politischer Grundhaltungen nach wie vor ein hohes Maß an Courage und Diskussionsbereitschaft. Die wird man politisch und militärischen Verantwortlichen aber wohl abverlangen können. Um den Integrationsaspekt der Inneren Führung wieder mit Leben zu füllen, sind sie sogar unverzichtbar.

5 Revitalisierung militärischer Führungskultur

> *„Sein Handwerk beherrschen, kämpfen können, wenn man kämpfen muss, ist unverändert wichtig; dafür motiviert zu sein – zu wollen – ist jedoch entscheidend."* [27]
>
> Generalmajor Jürgen Weigt

Als der Aachener Friedenspreis im Jahre 2013 an drei deutsche Schulen verliehen wurde, die als erste den Ausschluss von Jugendoffizieren und Wehrdienstberatern aus ihren Einrichtungen beschlossen hatten, hieß es in der Begründung der Preisvergabe, man wolle dem Mainstream der gesellschaftlichen Militarisierung entgegentreten.

Es ist paradoxerweise nicht zuletzt das Militär, das Aktivisten wie den Mitgliedern des Aachener Friedenspreis-Vereines das Recht und die Freiheit sichert, solcherlei Preise vergeben zu können, ohne Repressalien fürchten zu müssen. Der in Werbekampagnen der Bundeswehr genutzte Slogan »Wir kämpfen auch dafür, dass du gegen uns sein kannst« bringt diesen Umstand treffend zum Ausdruck.

Auch wenn er wichtig für die Kampfmoral und die Einsatzmotivation ist – einen uneingeschränkten Rückhalt aus allen gesellschaftlichen Milieus werden Streitkräfte in demokratischen Staaten mit pluralistischer Lebenskultur wohl nie erwarten können. Die generellen Vorbehalte und das Misstrauen, das der Bundeswehr aus der Bevölkerung und

---

[27] Weigt, 2009; Jürgen Weigt war als Brigadegeneral von Juli 2008 bis Januar 2009 Kommandeur des Regional Command North in Afghanistan.

teilweise aus der Politik entgegengebracht wird, sind jedoch einzigartig.[28]

Die Debatte um Sonderstatus deutscher Soldatinnen und Soldaten wird von der immerwährenden Angst begleitet, der Bundeswehr damit zu einem unkontrollierbaren Eigenleben zu verhelfen, das eine existenzielle Gefährdung der Gesellschaft durch das Militär mit sich bringen könnte. Über 60 Jahre nach Gründung der Bundeswehr sollte allerdings nicht mehr ernsthaft an der politischen Loyalität der Soldatinnen und Soldaten gezweifelt werden. Selbst innerhalb der Denkschule Spartas werden die Maxime der freiheitlichen-demokratischen Grundordnung, das Primat der Politik und die parlamentarische Kontrolle der Streitkräfte nicht in Frage gestellt.[29]

Das richtig verstandene Primat der Politik gebietet, dass militärische Führer als Experten ihres Faches wichtiger Teil der mit Streitkräften in Zusammenhang stehenden politischen Entscheidungsprozesse sind und auf Augenhöhe beraten. Höhere Stellen müssen ihrerseits nachdrücklich eine ungeschönte Berichterstattung einfordern, ohne dass meldende Soldatinnen und Soldaten Karrierenachteile fürchten müssen.

Wenn auch Widersprüche und Unzulänglichkeiten beim Namen genannt werden, kann das beschädigte Band zwischen militärischer Basis und höherer Führung wieder gekittet werden. Schon die glaubhafte Vermittlung, dass vorherrschende Ambiguitäten und Anpassungsbedarf erkannt und ernst genommen werden, wird eine positive Wirkung auf Motivation und Einsatzbereitschaft der Truppe haben.

Es gilt in der gesellschaftlichen Debatte um den gesellschaftlichen Status von Soldatinnen und Soldaten anzuerkennen, dass sie immer verschiedene Formen der öffentli-

---

[28] Vgl. Hellmann, 2011; Beardsley, 2017; Dawidzinski, 2011; Edinger, 2015.
[29] Vgl. Wiesendahl, 2010, S. 48f.

chen Anerkennung beanspruchen werden. Militärparaden und Veteranentage werden der Bundeswehr offiziell verwährt – es gibt sie aber in fast allen bedeutenden Staaten der Welt. Im Rahmen der zunehmenden Internationalisierung wird man sich früher oder später Gedanken darüber machen müssen, welche Form der öffentlichen Ehrdarbietung man bereit ist, auch deutschen Soldatinnen und Soldaten zu erweisen.

Das sind für die Bundeswehr und die deutsche Bevölkerung sehr ungewohnte Themen, die in bekannter Weise Unbehagen auslösen werden. Was für unsere verbündeten Streitkräfte zum Alltag gehört, kann jedoch auch hierzulande zu einer »Normalisierung« des Verhältnisses von Militär und Gesellschaft beitragen.

Die Innere Führung war von ihren Schöpfern als dynamisches, den aktuellen Gegebenheiten anzupassendes und damit auf Dauerreflexion angelegtes Konstrukt gedacht. Ohne eine Verständigung über die zeitgemäße Praktizierung des »Staatsbürgers in Uniform« läuft sie Gefahr, weiter an Bedeutung zu verlieren. Eine weitere Vergrößerung der Kluft zwischen dem Anspruch der offiziellen Führungstheorie und der Wirklichkeit der Führungskultur in der Bundeswehr kann aber niemand wollen.

Dieser Buchbeitrag soll mit einer kurzen Episode geschlossen werden, die mir in trauriger Erinnerung geblieben ist und die Erwartungen an meine eigene Einsatzzeit in Afghanistan maßgeblich geprägt hat. Möge der Epilog die Diskutanten um die militärische Führungskultur daran erinnern, was deutsche Soldatinnen und Soldaten am scharfen Ende ihres Berufes riskieren.

6 Epilog: Nachhall aus der Kampfzone

Airfield Termez, Usbekistan,
afghanisches Grenzgebiet, Juni 2011

Geschafft sitze ich mit anderen Soldatinnen und Soldaten am Flugfeld der usbekischen Grenzstadt Termez. Den hiesigen Bundeswehr-Stützpunkt steuern alle deutschen Kontingentangehörigen an, bevor sie nach Afghanistan eingeflogen werden und wenn sie das Land wieder in Richtung Heimat verlassen. Hinter uns liegt eine Erkundungsreise, die wir wenige Wochen vor unserem Einsatzbeginn als Task Force Kunduz zu unseren direkten Vorgängern unternommen haben. Wir wurden in aktuelle taktische Entwicklungen eingewiesen und haben letzte Informationen über die Situation im Einsatzland eingeholt. Unser Aufenthalt wurde durch den Tod von Hauptmann Markus Matthes überschattet, der einige Tage vor unserer Ankunft durch eine versteckte Sprengfalle sein Leben verlor. Die beschädigten Gefechtsfahrzeuge wurden geborgen und waren noch für einige Tage am Lagerzaun des Feldlagers Kunduz sichtbar.

Das war nun die neue Taktik der Aufständischen im Norden Afghanistans. Noch im letzten Jahr hatten sie sich offenen Gefechten gestellt; jetzt gingen sie mehr und mehr zu verdeckten Angriffen über. Eine veränderte Bedrohungslage, die es auch meinen Soldatinnen und Soldaten in den letzten Tagen ihrer Ausbildung noch einmal aufzuzeigen galt. In Gedanken versunken gleiche ich Notizen ab und stelle mir vor, wie es hier wohl in weniger als einem Monat mit meiner Kompanie aussehen würde. Währenddessen betritt ein älterer Stabsoffizier den Warteraum und fordert alle Anwesenden dazu auf, am Rande des Flugfeldes anzutreten. Wir schauen uns etwas verwundert an, verpacken dann aber zügig unsere Ausrüstung und folgen wie alle Anderen seiner Aufforderung.

Einige Minuten später erscheint er erneut und teilt uns mit, dass er uns nun auf das Rollfeld führen würde. Wir sind noch immer verwundert, marschieren aber wie befohlen einige hundert Meter auf das offene Gelände hinaus. Als ich dort zwei sich gegenüberstehende Flugzeuge sehe, wird mir plötzlich klar, warum wir uns gerade in einer Formation aus über 100 Soldatinnen und Soldaten befinden, die sich in Richtung dieser Flugzeuge bewegt.

Offenbar bemerken dies auch die meisten Anderen, denn es wird plötzlich bedrückend still. Die Erkenntnis, dass wir in Kürze das Ehrenspalier bei einer Totenüberführung stellen würden, steigt in uns auf. Anfang Juni hatte eine gewaltige Sprengfalle einen Schützenpanzer in der Provinz Baghlan zerrissen und dabei den dreiundzwanzigjährigen Kraftfahrer, Oberstabsgefreiten Alexej Kobelew, getötet sowie fünf weitere Besatzungsmitglieder teils schwer verwundet. Nun stehen wir in Termez und erweisen dem Gefallenen die letzte Ehre. Wir heben unsere Hand zum militärischen Gruß, als sein Sarg von einer Transall in eine Airbus-Maschine überführt wird. Er wird mit uns zurück nach Deutschland fliegen. Wir verlassen den Flughafen in Köln-Wahn auf der einen Seite. Aufgeregt winkende Angehörige nehmen hier freudig strahlend ihre Rückkehrer in die Arme. Sein Sarg wird den Flughafen an einer anderen Stelle verlassen. Abseits von Öffentlichkeit und Medienrummel werden ihn dort Hinterbliebene in Empfang nehmen.

Literaturverzeichnis

Beardsley, Steven (2017): Citizens in Uniform: The Bundeswehr's Innere Führung and the Cold War divide. Robert Bosch Foundation: Berlin.

Beckmann, Klaus (2015): Treue. Bürgermut. Ungehorsam. Anstöße zur Führungskultur und zum beruflichen Selbstverständnis der Bundeswehr. Miles: Berlin.

Böcker, Martin (2014): Elmar Wiesendahls Athen und Sparta. Eine Kritik mit persönlichen Anmerkungen, in: M. Bohnert & L.J. Reitstetter (Hrsg.): Armee im Aufbruch. Zur Gedankenwelt junger Offiziere in den Kampftruppen der Bundeswehr. Miles: Berlin, S. 223-236.

Bohnert, Marcel & Pütz, Lena (2018): #Uniformgate: Zu bunt gehört auch grün – Die Bundeswehr auf neuen Wegen aus der gesellschaftlichen Isolation, in: H.R. Hammerich, U. Hartmann & C.v. Rosen (Hrsg.): Innere Führung im Aufbruch: Neues denken, Mitgestaltung fördern, Alternativen wagen. Miles: Berlin (in Erstellung).

Bohnert, Marcel & Neumann, Andy (2017): German Mechanized Infantry on Combat Operations in Afghanistan. Miles: Berlin.

Bohnert, Marcel (2017a): Innere Führung auf dem Prüfstand. Lehren aus dem Afghanistan-Einsatz der Bundeswehr. DeutscherVeteranenVerlag: Hamburg.

Bohnert, Marcel (2017b): Über Korpsgeist und Kampftruppen. Frankfurter Allgemeine Zeitung, 28. April 2017, S. 8.

Bohnert, Marcel (2015): COIN an der Basis. Zur Umsetzung des Konzeptes in einer Kampfkompanie der Task Force Kunduz, in: R. Schroeder & S. Hansen (Hrsg.): Stabilisierungseinsätze als gesamtstaatliche Aufgabe. Erfahrungen und Lehren aus dem deutschen Afghanistaneinsatz zwischen Staatsaufbau und Aufstandsbewältigung (COIN). Nomos: Baden-Baden, S. 245-258.

Bowlby, Chris & Levinson, Hugh (2017): Germany – Anxious Giant. BBC4 Analysis, 18 June 2017.

Dawidzinski, Andreas (2012): Mehr Soldat, weniger Staatsbürger? Kritik nach außen in der Bundeswehr unerwünscht. NDR Info, 20. Oktober 2012.

Durak, Elke (2018): „Wir sind das Stiefkind der Nation." Major Marcel Bohnert über das Image der Bundeswehr. Deutschlandfunk Kultur, 3, März 2018.

Edinger, Kathrina (2015): Der brave Soldat und die Zivilgesellschaft. derFreitag, 31. März 2015.

Evangelisches Kirchenamt für die Bundeswehr (Hrsg.)(2009): Friedensethik im Einsatz. Ein Handbuch der Evangelischen Seelsorge in der Bundeswehr. Gütersloher Verlagshaus: Gütersloh.

Hartmann, Uwe (2018): Der gute Soldat. Politische Kultur und soldatisches Selbstverständnis heute. Miles: Berlin.

Hellmann, Kai-Uwe (2011): Bewährungsprobe. Die Innere Führung im Einsatz, in: U. Hartmann, C.v. Rosen & C. Walther (Hrsg.): Jahrbuch Innere Führung 2011. Ethik als geistige Rüstung für Soldaten. Miles: Berlin, S. 178-200.

Hemicker, Lorenz (2018a): Marine-Kommandant rechnet mit von der Leyen ab. Frankfurter Allgemeine Zeitung, 25. März 2018.

Hemicker, Lorenz (2018b): Marine: Kommandeur muss keine Nachteile fürchten. Frankfurter Allgemeine Zeitung, 26. März 2018.

Hoffmann, Jan (2017): Deutscher Soldat für Recht und Freiheit. Die Bundeswehr – Das Magazin des Deutschen BundeswehrVerbands, 7, S. 38-39.

Kielmansegg, Hanno Graf von (2017): Ist diese Bundeswehr-Führung noch vertrauenswürdig? Der Gelbe Kreis – Beitrag zur persönlichen Meinungsbildung und zur Förderung des Zusammenhalts, 759, S. 22-27.

Lindemann, Marc (2015): Rückblick auf einen Krieg. Y – Das Magazin der Bundeswehr, 2, S. 26-33.

Lohse, Eckart & Wehner, Markus (2013): „Giert nicht nach Anerkennung!" Thomas de Maizière über das Ansehen der Truppe, Liebe in der Ehe und Langeweile im Job. Frankfurter Allgemeine Sonntagszeitung, 24. Februar 2013, S. 3.

Lünenborg, Gustav (2018): Verstand und Emotion. Demokratie – Krieg – Tradition. Zum Offiziersberuf heute. 10 Briefe. Miles: Berlin.

Mann, Robert Clifford (2014): German Warriors, in: M. Daxner (Hrsg.): Deutschland in Afghanistan. BIS: Oldenburg, S. 139-153.

Meißner, Burkhard (2015): Athen und Sparta. Kritik spiegelt Krisenerfahrung. If – Zeitschrift für Innere Führung, 2, S. 5-10.

Naumann, Klaus (2015): Sehnsucht nach dem Kämpfertyp. Frankfurter Rundschau. 6. März 2015.

Neitzel, Sönke (2017): Bedingt mitsprachebereit. Der Primat der Politik ist kein Schweigegelübde für Generäle. Zur Sache Bw, 2, S. 63-64.

Pütz, Lena & Bohnert, Marcel (2019): Die Positionierung einer Employer Brand am Beispiel der Bundeswehr. Unveröffentlichtes Manuskript. DeutscherVeteranenVerlag: Berlin.

Pointer, Nico (2018): Offensiv für mehr Ansehen. Nordwestdeutsche Zeitung, 20. Juli 2018.

Rommeney, Ernst & Marx, Peter (2015): Staatsbürger oder Kämpfer in Uniform? Wortwechsel. Deutschlandradio Kultur, 24. Juli 2015.

Schillat, Florian & Thissen, Swen (2018): Bundeswehr lehnt sich gegen re:publica auf: Guerilla-Aktion bei Netzkonferenz. Stern, 2. Mai 2018.

Schreiber, Björn (2017): Die Bundeswehr wird umgekrempelt: Und die Soldaten sind nur noch schöne Staffage. The Germanz, 18. Mai 2017.

Schröder, Axel (2014): Afghanistan-Rückkehrer verändern die Truppe. DLF-Magazin. Deutschlandfunk, 4. Dezember 2014.

Seiffert, Anja (2016): „Das Problem, wieder hier anzukommen" – Einsatzrückkehrer und Gesellschaft, in: M. Bohnert & B. Schreiber (Hrsg.): Die unsichtbaren Veteranen. Kriegsheimkehrer in der deutschen Gesellschaft. Miles: Berlin, S. 125-138.

Seliger, Marco (2017): Vernehmbar verstimmt. Frankfurter Allgemeine Zeitung, 5. Mai 2017, S. 4.

Shea, Neil (2012): Ready for a fight. German soldiers´ Afghan Mission shifts from Reconstrucion and Training to Engaging Enemy. Stars and Stripes, 9 January 2012, pp. 16-17.

Stoltenow, Sascha (2017): Antreten zum Nachsitzen – Vom Scheitern der Inneren Führung und ihren Perspektiven. bendler-blog.de, 24. September 2017.

Stoltenow, Sascha (2013): Heldenlos – soldatische Identität in der Mediengesellschaft, in: M. Böcker, L. Kempf & F. Springer (Hrsg.): Soldatentum. Auf der Suche nach Identität und Berufung der Bundeswehr heute. Olzog: München, S. 93-107.

Stresing, Laura & Gebauer, Matthias (2017): Neue Bundeswehr-Serie „Mali". Mit Gefühlsduselei auf Rekrutensuche. 17. Oktober 2017.

Terkel, Studs (1991). Der gute Krieg. Amerikaner erleben den Zweiten Weltkrieg. 49 Porträts. Reclam: Leipzig.

Wagner, Gerald (2017): Das Land kennt seine Soldaten nicht. Frankfurter Allgemeine Zeitung, 16. Mai 2017, S. 13.

Wagner, Gerald (2016): Großartige Erregung. Der Krieg als Glücksfall für den Soldaten: In Deutschland entsteht eine neue Kultur des Heldentums. Frankfurter Allgemeine Zeitung, 7. Oktober 2016, S. 13.

Weigelt, Julia (2018): Zweifel an der Inneren Führung. NDR Info. 24. März 2018.

Weigelt, Julia (2013): Der einsame Kämpfer. Loyal – Magazin für Sicherheitspolitik, 3, S. 6-11.

Weigt, Jürgen (2009): Wie hält man das aus? Beobachtungen aus dem Afghanistan-Einsatz. Österreichische Militärzeitschrift, 5.

Wiegold, Thomas (2017): Suche nach Vorbildern. Was das Selbstverständnis ausmacht, muss auch in der Schlammzone diskutiert und verstanden werden. Die Bundeswehr – Das Magazin des Deutschen BundeswehrVerbands, 7, S. 10-11.

Wiesendahl, Elmar (2016): Bundeswehr ohne Halt. Zu Fehlentwicklungen der Inneren Führung. Ethik und Militär, 1, S. 43-47.

Wiesendahl, Elmar (2010): Athen oder Sparta – Bundeswehr quo vadis? Edition Temmen: Bremen.

Wirsching, Patrick & Bohnert, Marcel (2019): Die Rolle des KSK beim Employer Branding der Bundeswehr. Unveröffentlichtes Manuskript. DeutscherVeteranenVerlag: Berlin.

Autorenverzeichnis

Major i.G. Diplom- Staats- und Sozialwissenschaftler Christian Bauer, M.A.

Christian Bauer ist Luftwaffenoffizier und Absolvent der zweijährigen Generalstabs- und Admiralstabsausbildung an der Führungsakademie der Bundeswehr in Hamburg. Nach seinem Studium der Staats- und Sozialwissenschaften an der Universität der Bundeswehr in München war er u.a. Zugführer und Kompaniechef im Wachbataillon in Berlin sowie Adjutant des Deutschen Militärischen Vertreters im Militärausschuss der NATO und der EU in Brüssel. Derzeit befindet er sich in der Attachéausbildung.

Major i.G. Diplom-Pädagoge
Marcel Bohnert, M.A

Marcel Bohnert ist Offizier der Panzergrenadiertruppe des Heeres und Absolvent der zweijährigen Generalstabs-/Admiralstabsausbildung an der Führungsakademie der Bundeswehr in Hamburg. Er nahm zuvor unter anderem an Kontingenteinsätzen als Gruppenführer in der Frühphase des Kosovo-Einsatzes und als Chef einer Kampfeinheit in Afghanistan teil. Bohnert ist Verfasser zahlreicher Bücher und Beiträge über die militärische Führungskultur und die Auslandsmissionen der Bundeswehr. Derzeit leitet er das Sachgebiet Neue Medien im Marketing-Referat des Bundesamtes für Personalmanagement der Bundeswehr.

Korvettenkapitän Diplom-Pädagoge
Jan Pahl, M.A.

Jan Pahl ist Offizier im fliegerischen Dienst der Deutschen Marine. Im Vorfeld seiner Teilnahme am nationalen Generalstabs-/Admiralstabsdienstlehrgang an der Führungsakademie in Hamburg war er mehrfach als Hubschrauberführer im Rahmen der EU Mission ATALANTA sowie als Brückenwachoffizier bei UNIFIL vor der Küste des Libanon tätig. Im Rahmen seines Studiums und darüber hinaus hat er sich immer wieder mit dem Thema von Führungskultur und Motivation, insbesondere im Rahmen von Personalführung, beschäftigt. Derzeit ist er als Staffelkapitän der 3. Bordhubschrauberstaffel des Marinefliegergeschwaders 5 eingesetzt.

Carola Hartmann Miles-Verlag

<u>Politik, Gesellschaft, Militär</u>

Uwe Hartmann, *Innere Führung. Erfolge und Defizite der Führungsphilosophie für die Bundeswehr*, Berlin 2007.

Hans-Christian Beck, Christian Singer (Hrsg.), *Entscheiden – Führen – Verantworten. Soldatsein im 21. Jahrhundert*, Berlin 2011.

Eberhard Birk, Winfried Heinemann, Sven Lange (Hrsg.), *Tradition für die Bundeswehr. Neue Aspekte einer alten Debatte*, Berlin 2012.

Holger Müller, *Clausewitz' Verständnis von Strategie im Spiegel der Spieltheorie*, Berlin 2012.

Angelika Dörfler-Dierken, *Führung in der Bundeswehr*, Berlin 2013.

Wolf Graf von Baudissin, *Grundwert Frieden in Politik – Strategie – Führung von Streitkräften,* hrsg. von Claus von Rosen, Berlin 2014.

Marcel Bohnert, Lukas J. Reitstetter (Hrsg.), *Armee im Aufbruch. Zur Gedankenwelt junger Offiziere in den Kampftruppen der Bundeswehr*, Berlin 2014.

Arjan Kozica, Kai Prüter, Hannes Wendroth (Hrsg.), *Unternehmen Bundeswehr? Theorie und Praxis (militärischer) Führung*, Berlin 2014.

Angelika Dörfler-Dierken, Robert Kramer, *Innere Führung in Zahlen. Streitkräftebefragung 2013*, Berlin 2014.

Phil C. Langer, Gerhard Kümmel (Hrsg.), *„Wir sind Bundeswehr." Wie viel Vielfalt benötigen/vertragen die Streitkräfte?*, Berlin 2015.

Dirk Freudenberg, *Counterinsurgency. Aufstandsbekämpfung als Phase zur Überwindung schwacher Staatlichkeit und zur Etablierung des Aufbaus einer stabilen Nachkriegsordnung?*, Berlin 2016.

Alois Bach, Walter Sauer (Hrsg.), *Schützen.Retten.Kämpfen. Dienen für Deutschland,* Berlin 2016.

Marcel Bohnert, Björn Schreiber (Hrsg.), *Die unsichtbaren Veteranen. Kriegsheimkehrer in der deutschen Gesellschaft,* Berlin 2016.

Alessandro Rappazzo, *Vorsprung durch Leadership. Modernes Leadership in der Armee,* Berlin 2017.

Wolfgang Peischel (Hrsg.): *Wiener Strategie-Konferenz 2016 – Strategie neu denken,* Berlin 2017.

Oliver Schmidt, *Deutsche Außenpolitik und die Zukunft der nuklearen Teilhabe in der NATO,* Berlin 2017.

Dirk Freudenberg, *Theorie des Irregulären, 3 Bde.,* Berlin 2017.

Donald Abenheim and Carolyn Halladay, *Soldiers, War, Knowledge and Citizenship: German-American Essays on Civil-Military Relations,* Berlin 2017.

Donald Abenheim, Uwe Hartmann (Hrsg.), *Tradition in der Bundeswehr,* Berlin 2018.

Jahrbuch Innere Führung

Uwe Hartmann, Claus von Rosen, Christian Walther (Hrsg.), *Jahrbuch Innere Führung 2009. Die Rückkehr des Soldatischen,* Eschede 2009.

Helmut R. Hammerich, Uwe Hartmann, Claus von Rosen (Hrsg.), *Jahrbuch Innere Führung 2010. Die Grenzen des Militärischen,* Berlin 2010.

Uwe Hartmann, Claus von Rosen, Christian Walther (Hrsg.), *Jahrbuch Innere Führung 2011. Ethik als geistige Rüstung für Soldaten,* Berlin 2011.

Uwe Hartmann, Claus von Rosen, Christian Walther (Hrsg.), *Jahrbuch Innere Führung 2012. Der Soldatenberuf zwischen gesellschaftlicher Integration und suis generis-Ansprüchen,* Berlin 2012.

Uwe Hartmann, Claus von Rosen (Hrsg.), *Jahrbuch Innere Führung 2013. Wissenschaften und ihre Relevanz für die Bundeswehr als Armee im Einsatz,* Berlin 2013.

Uwe Hartmann, Claus von Rosen (Hrsg.), *Jahrbuch Innere Führung 2014. Drohnen, Roboter und Cyborgs – Der Soldat im Angesicht neuer Militärtechnologien,* Berlin 2014.

Uwe Hartmann, Claus von Rosen (Hrsg.), *Jahrbuch Innere Führung 2015. Neue Denkwege angesichts der Gleichzeitigkeit unterschiedlicher Krisen, Konflikte und Kriege,* Berlin 2015.

Uwe Hartmann, Claus von Rosen (Hrsg.), *Jahrbuch Innere Führung 2016. Innere Führung als kritische Instanz,* Berlin 2016.

Uwe Hartmann, Claus von Rosen (Hrsg.), *Jahrbuch Innere Führung 2017. Die Wiederkehr der Verteidigung in Europa und die Zukunft der Bundeswehr,* Berlin 2017.

Einsatzerfahrungen

Kay Kuhlen, *Um des lieben Friedens willen. Als Peacekeeper im Kosovo,* Eschede 2009.

Sascha Brinkmann, Joachim Hoppe (Hrsg.), *Generation Einsatz, Fallschirmjäger berichten ihre Erfahrungen aus Afghanistan,* Berlin 2010.

Artur Schwitalla, *Afghanistan, jetzt weiß ich erst… Gedanken aus meiner Zeit als Kommandeur des Provincial Reconstruction Team FEYZABAD,* Berlin 2010.

Uwe Hartmann, *War without Fighting? The Reintegration of Former Combatants in Afghanistan seen through the Lens of Strategic Thought,* Berlin 2014.

Rainer Buske, *KUNDUZ. Ein Erlebnisbericht über einen militärischen Einsatz der Bundeswehr in AFGHANISTAN im Jahre 2008,* Berlin ²2016.

Marcel Bohnert, Andy Neumann, *German Mechanized Infantry on Combat Operations in Afghanistan,* Berlin 2017.

<u>**Standpunkte und Orientierungen**</u>

Daniel Giese, *Militärische Führung im Internetzeitalter – Die Bedeutung von Strategischer Kommunikation und Social Media für Entscheidungsprozesse, Organisationsstrukturen und Führerausbildung in der Bundeswehr,* Berlin 2014.

Dirk Freudenberg, *Auftragstaktik und Innere Führung. Feststellungen und Anmerkungen zur Frage nach Bedeutung und Verhältnis des inneren Gefüges und der Auftragstaktik unter den Bedingungen des Einsatzes der Deutschen Bundeswehr,* Berlin 2014.

Uwe Hartmann (Hrsg.), *Lernen von Afghanistan. Innovative Mittel und Wege für Auslandseinsätze,* Berlin 2015.

Fouzieh Melanie Alamir, *Vernetzte Sicherheit – Quo Vadis?,* Berlin 2015.

Hartwig von Schubert, *Integrative Militärethik. Ethische Urteilsbildung in der militärischen Führung,* Berlin 2015.

Uwe Hartmann, *Hybrider Krieg als neue Bedrohung von Freiheit und Frieden. Zur Relevanz der Inneren Führung in Politik, Gesellschaft und Streitkräften,* Berlin 2015.

Klaus Beckmann, *Treue.Bürgermut.Ungehorsam. Anstöße zur Führungskultur und zum beruflichen Selbstverständnis in der Bundeswehr,* Berlin 2015.

Florian Beerenkämper, Marcel Bohnert, Anja Buresch, Sandra Matuszewski, *Der innerafghanische Friedens- und Aussöhnungsprozess,* Berlin 2016.

Martin Sebaldt, *Nicht abwehrbereit. Die Kardinalprobleme der deutschen Streitkräfte, der Offenbarungseid des Weißbuchs und die Wege aus der Gefahr,* Berlin 2017.

Christian J. Grothaus, *Der „hybride Krieg" vor dem Hintergrund der kollektiven Gedächtnisse Estlands, Lettlands und Litauens,* Berlin 2017.

Uwe Hartmann, *Der gute Soldat. Politische Kultur und soldatisches Selbstverständnis heute,* Berlin 2018.